Traumatisierte Menschen begleiten

Handbuch für Helfer und Basiskursleiter
zum gleichnamigen Arbeitsbuch

TRAUMATISIERTE MENSCHEN BEGLEITEN
HANDBUCH FÜR HELFER UND BASISKURSLEITER
zur Verwendung mit dem Buch
TRAUMATISIERTE MENSCHEN BEGLEITEN
EIN ARBEITSBUCH FÜR CHRISTLICHE GEMEINDEN

In Anlehnung an:
Starter Facilitator Handbook for Healing Groups
For use with Healing the Wounds of Trauma: How the Church Can Help

Übersetzung: Peter Thalmann, Elisabeth Wyss, Uschi Lautenschlager
Lektorat: Melanie Reimer, Christiane Weber,
Fritz Konrad, Andreas Holzhausen, Ruth Waweru
Layout: Deborah Elsner und Fabian Klein
Illustration: Ian Dale

Aus Gründen der besseren Lesbarkeit wurde im Text manchmal nur die männliche Form gewählt. Die Aussagen gelten jedoch für Angehörige beider Geschlechter.

Für Informationen zu Seminaren und darüber, wie dieses Buch eingesetzt werden kann, schreiben Sie bitte an dff@wycliff.de.

Bibliografische Information der Deutschen Nationalbibliothek:
Die deutsche Nationalbibliothek verzeichnet diese Publikation in der deutschen Nationalbibliografie; detaillierte bibliografische Daten sind im Internet über http://dnb.dnb.de abrufbar.

ISBN: **978-374813-328-5**

Wycliff e. V.
Siegenweg 32
57299 Burbach

Uschi Lautenschlager
in Anlehnung an

Harriet Hill Margaret Hill Richard Baggé Pat Miersma

Traumatisierte Menschen begleiten

Handbuch für Helfer und Basiskursleiter zum gleichnamigen Arbeitsbuch

Trauma Healing Institute

['wɪklɪf]
ausgesprochen lebendig

Er,
(der Vater, dem alle Herrlichkeit gehört,)
öffne euch die Augen,

damit ihr seht, wozu ihr berufen seid,
worauf ihr hoffen könnt
und welches unvorstellbar reiche Erbe
auf alle wartet, die zu Gott gehören.

Ihr sollt erfahren, mit welcher unermesslich
großen Kraft Gott in uns, den Glaubenden, wirkt.

Ist es doch dieselbe gewaltige Kraft,
mit der er am Werk war,
als er Christus von den Toten auferweckte
und ihm in der himmlischen Welt den Ehrenplatz
an seiner rechten Seite gab!

Epheser 1,18–20 HFA

INHALTSVERZEICHNIS

Dieses Buch richtet sich an

HELFER und BASISKURSLEITER
des Programms

TRAUMATISIERTE MENSCHEN BEGLEITEN,

die sich weltweit dafür einsetzen, dass Licht die Dunkelheit erhellt, dass Trauernde getröstet werden und dass Menschen, die gebrochenen Herzens sind, heil werden.

**Sie sind wie „Bäume,
die der Herr selbst gepflanzt hat“.**

(Jesaja 61,3)

EINFÜHRUNG & PROGRAMMÜBERSICHT

1. Geschichte

Gegen Ende der 1990er-Jahre erlebten immer mehr afrikanische Länder Kriege und Unruhen. In den Menschen, die davon betroffen waren, haben Erlebnisse von Gewalt, Verlust und Terror tiefe Spuren hinterlassen. Pastoren kamen zu Wycliff-Mitarbeitern vor Ort und sagten: „Seit den Angriffen verhalten sich die Menschen hier so eigenartig. Wir wissen nicht, was wir tun sollen!" Daraufhin schloss sich eine Expertengruppe aus Wycliff-Mitarbeiterinnen und -Mitarbeitern zusammen, bestehend aus Pastorinnen und Pastoren sowie Fachleuten aus den Bereichen Psychologie, Psychiatrie und Seelsorge, um nach einer Lösung zu suchen. Das Ergebnis war dieses Buch, zunächst auf Englisch. Inzwischen wurde das dem Buch zugrundeliegende Programm auf allen Kontinenten eingesetzt. Es hat weltweit Tausenden traumatisierten Menschen geholfen. Immer wieder wurde der Inhalt den Kulturen und den Gegebenheiten der jeweiligen Länder angepasst – beispielsweise, als ein großes Erdbeben Nepal erschütterte oder Ebola in Afrika ausbrach. Die vorliegende Version des Programms wurde der Flüchtlingssituation in den deutschsprachigen Ländern angepasst. Sie ist für Menschen unterschiedlicher Glaubensrichtungen konzipiert.

2. Stationen der Traumabewältigung

Heilung von seelischen Verletzungen geschieht nicht „auf Knopfdruck". Sie ist ein Prozess, der sich oft über lange Zeit erstreckt. Man kann diesen Heilungsprozess mit einer Reise vergleichen. Wie auf jede Reise sollten wir die notwendigsten Dinge mitnehmen: Wir brauchen **Geduld**, denn die Reise wird einige Zeit dauern. Wenn wir sie mit anderen antreten und die Last unseres Herzens miteinander teilen, müssen wir uns gegenseitig **vertrauen**. Auch **Mut** und **Ehrlichkeit** sind erforderlich, damit wir unseren seelischen Schmerz nicht mehr verdrängen, sondern dazu stehen. Nur so finden wir auf lange Sicht wirksame Hilfe.

Die folgende Darstellung zeigt den Weg, dem wir auf der „Traumabewältigungsreise" folgen werden.

STATIONEN DER TRAUMABEWÄLTIGUNG

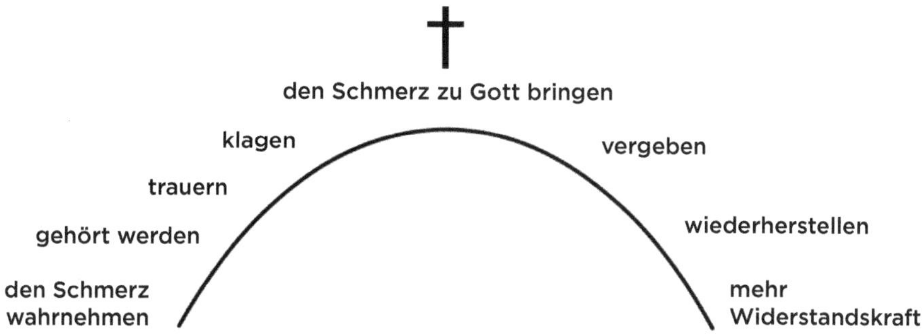

Im Erleben von Leid und Verlust kann unsere Seele verletzt werden. Diese seelischen Wunden können heilen, wenn wir den Schmerz bewusst wahrnehmen und wenn wir mit jemand darüber reden; jemand, dem wir vertrauen und der gut **zuhören** kann. Wichtig ist, dass wir das Leid, das uns zugefügt wurde, anerkennen und darüber **trauern**, damit uns der Schmerz nicht das ganze Leben lang verfolgt. Dann können wir unser Herz auch vor Gott ausschütten und vor Ihm **klagen**. Schließlich können wir den Schmerz **zu Gott bringen** und bei Ihm, der unsere Zuflucht ist, abgeben. So finden wir inneren Frieden und kommen irgendwann an einen Punkt, an dem wir anfangen können, denen zu **vergeben**, die uns verletzt haben. Auf diese Weise erleben wir Heilung. Wir werden fähig, unser Leben und das Zusammenleben mit anderen **wiederherzustellen** und neu zu gestalten. Künftig können wir Leid besser ertragen, wir haben mehr **Widerstandskraft** (Resilienz).

DER AUFBAU DES PROGRAMMS

Die verschiedenen Komponenten des Programms

Informationstreffen: Ziel eines Informationstreffens ist, Gemeindeleiter auf das Thema Traumabewältigung aufmerksam zu machen, damit sie erwägen können, es in ihr Programm aufzunehmen. Solche Treffen schaffen ein unterstützendes Umfeld für künftige Traumabewältigungskurse.

Ausbildungskurse für Kursleiter: Im **Basiskurs** lernen die Teilnehmer grundlegende biblische und psychologische Prinzipien bezüglich Traumabewältigung kennen. Sie nehmen ihre eigenen seelischen Verletzungen wahr und bringen sie zu Jesus, der Heilung schenkt. Sie lernen auch, wie sie anderen helfen können, Heilung für ihre seelischen Verletzungen zu finden.
Anschließend setzen die Teilnehmer das Gelernte in die Praxis um, indem sie zwei Austauschgruppen leiten. Danach besuchen sie einen **Aufbaukurs,** womit die Grundausbildung abgeschlossen ist.

Austauschgruppe: Ziel einer Austauschgruppe ist, dass Menschen mit seelischen Verletzungen neue Kraft und neue emotionale Stabilität gewinnen, dass sie sich mit dem Wort Gottes befassen und widerstandsfähiger werden. Wenn Teilnehmer einer Austauschgruppe Heilung erfahren haben und Kursleiter werden möchten, nehmen sie an einem Basiskurs teil, um weitere Lektionen kennenzulernen.

Mini-Kurs: Ziel eines Mini-Kurses ist, besonderen Bedürfnissen Rechnung zu tragen, die aktuell auftreten. Dabei kann es sich um eine einzelne Lektion, einen Teil einer Lektion oder um eine Übung handeln – auf jeden Fall um weniger als die fünf Kernlektionen (Lektion 1–3 und 8–9). Dieser Kurzeinstieg in die Thematik, kann Interesse für die Teilnahme an einer Austauschgruppe wecken.

Vernetzung aller Helfer: Ziel einer solchen Vernetzung ist, Kursleiter, Psychologen, Psychiater und Vertreter von Organisationen und Gemeinden, die mit traumatisierten Menschen arbeiten, miteinander in Kontakt zu bringen. Die Vernetzung soll Zusammenarbeit, Weiterbildung, gegenseitige Ermutigung und gemeinsames Gebet fördern. So kann sich eine Dynamik für das Anliegen der Traumabewältigung in einem Gebiet oder in einem ganzen Land entwickeln.

MATERIAL, DAS ZUM PROGRAMM GEHÖRT

Traumatisierte Menschen begleiten
Ein Arbeitsbuch für christliche Gemeinden
(Wycliff, DMG, AMIN, THI, 2018).

Die Geschichten in diesem Buch stammen aus dem Alltag von Geflüchteten. Der Inhalt des Buches richtet sich jedoch an alle, die etwas Schlimmes erlebt haben.

Das vorliegende **Handbuch** enthält zusätzliche Unterrichtshilfen für Austauschgruppen- und Basiskursleiter.

Zum englischen Programm gehören weitere Materialien, die man je nach Teilnehmer und Ziel einsetzen kann. **Healing the Wounds of Trauma – How the Church Can Help** bildet die Grundlage des klassischen Programms für Erwachsene.

Das **Classic Program Facilitator Handbook** enthält zusätzliche Unterrichtshilfen für Austauschgruppen- und Basiskursleiter.
Die erste Hälfte des Handbuchs erscheint als Separatdruck unter dem Titel **Starter Facilitator Handbook.** Es bildet die Grundlage des vorliegenden Buches.

Das Begleitheft **Scripture Companion Booklet** ist besonders geeignet für Teilnehmer einer Austauschgruppe, die das Wort Gottes nicht in ihrer Sprache haben oder ungeübt im Lesen sind. Es enthält eine Zusammenfassung der Hauptgedanken jeder Lektion und die vollständigen Zitate aus dem Wort Gottes. Das ermöglicht den Teilnehmern, die Lektionen für sich zu wiederholen und über die zitierten Bibelstellen nachzudenken.
Healing Hearts Club Story and Activity Book und **Healing Children's Wounds of Trauma:** Ein Traumabewältigungsprogramm mit Geschichten und Aktivitäten für Kinder von 8 bis 13 Jahren. Das Buch hat den gleichen Ansatz wie das Buch für Erwachsene, ist aber altersgerecht angepasst mit Geschichten, Spielen, Übungen, künstlerischen Anleitungen und anderen Aktivitäten.

Story-based Trauma Healing: Basierend auf lebendig erzählten Geschichten wird der gleiche Inhalt vermittelt wie in den anderen Büchern. Es handelt sich um Geschichten und um vertonte Verse aus dem Wort Gottes, um Erlebnisberichte und Übungen. Diese Version ist auch für Gruppenleiter und Teilnehmer ohne Lesekenntnisse geeignet. (Man lernt die Geschichten, Verse und Übungen auswendig). Neben dem Geschichtenbuch mit Fragen zum Austausch gibt es ein Handbuch für Gruppenleiter.

Audio Trauma Healing: Hörspiele auf professionellem Niveau mit Austausch in einer kleinen Gruppe und vertonten Texten aus Gottes Wort. Geeignet für Radiosendungen und Ähnliches.

Die Webseite **TraumaHealingInstitute.org** gibt Zugang zu Informationen zum Thema Traumabewältigung, Veranstaltungen, Werbeschriften auf Englisch, Französisch, Spanisch usw. Ein passwort-geschützter Teil der Webseite enthält zusätzliches Material zum Herunterladen: Handbücher, zusätzliche Lektionen, Material zur Organisation von Informationstreffen, Formulare für Berichte und Zertifikate sowie einen Blog für Kursleiter. Leiter und Administratoren können auf der Webseite über den Menü-Link „LOG IN" ein Passwort anfordern.

Online-Datenbank. Sie enthält Angaben über Kurs- und Gruppenleiter, Veranstaltungen und Übersetzungen des Unterrichtsmaterials. Kursleiter und Administratoren können per E-Mail an traumahealing@americanbible.org eine Zugangsberechtigung anfordern.

Material Development Handbook. Es enthält Informationen über die Kontextualisierung, Übersetzung und Lizenzierung dieser Unterrichtsmaterialien. Materialien im Rahmen dieses Programms sind über dff@wycliff.de oder über traumahealinginstitute.org erhältlich. Die deutschen Bücher können überall im Buchhandel bestellt werden.

KURSLEITER WERDEN

Basiskurs besuchen

BASISKURSLEITER oder AUSTAUSCHGRUPPENLEITER in AUSBILDUNG (i. A.)

(verjährt nach 24 Monaten)

- **Zwei Austauschgruppen leiten** (mindestens die Kernlektionen)
- **Aufbaukurs besuchen** (etwa 6 bis 9 Monate nach dem Basiskurs)

Berichte einreichen

AUSTAUSCHGRUPPENLEITER

Angebot für Austauschgruppen starten

Wahlweise mit mehr Erfahrung

BASISKURSLEITER

- Austauschgruppen leiten
- Mit anderen Kursleitern Basiskurse unterrichten
- Basiskursleiter i.A. und Austauschgruppenleiter i.A. bescheinigen
- Mit einem Aufbaukursleiter Aufbaukurse unterrichten

Eventuelle Einladung zum Aufbaukursleiter

AUFBAUKURSLEITER IN AUSBILDUNG

Aufbaukurse leiten mit Aufbaukursleiter

AUFBAUKURSLEITER

- Aufbaukurse leiten
- Leiter von Austauschgruppen, Basis- und Aufbaukursen bescheinigen
- Neuerungen einführen
- Probleme lösen
- Material anpassen
- Strategien entwerfen

Erforderliche Kompetenzen

- Das persönliche Wohlbefinden im Griff haben
- Teamfähig sein
- Fähig sein, traumatisierten Menschen zu helfen (zuhören, Schweigepflicht einhalten...)
- Fähig sein, Gruppen partizipativ zu leiten
- Zeigen, dass man den Inhalt verstanden hat

AUSTAUSCHGRUPPEN ORGANISIEREN

Der Kursinhalt

In einer Austauschgruppe sollten mindestens die Kernlektionen (1–3 und 8–9) durchgenommen werden. Für jede Lektion sollten eineinhalb Stunden eingeplant werden, die Lektionen 2 und 3 dauern länger. Man kann sich an mehreren aufeinanderfolgenden Tagen treffen, z. B. an einem verlängerten Wochenende, oder einmal pro Woche über mehrere Monate hinweg.

Es ist in jedem Fall ratsam, die Übung *Leid kreativ verarbeiten* von Lektion 2 durchzuführen und den Klagepsalm von Lektion 3 zu schreiben. Das kann in der Gruppe geschehen oder, wenn es vorher gut erklärt wurde, als Hausaufgabe aufgegeben werden. Beim nächsten Treffen kann man sich dann darüber austauschen.

Wählen Sie von den Lektionen 4, 5, 6A, 6B, 6C, 7 und 10 diejenigen aus, die auf die Bedürfnisse der Gruppe eingehen und zeitlich durchführbar sind. Auch innerhalb einer Lektion können Sie die jeweiligen Passagen nach Relevanz und verfügbarer Zeit wählen. Vielleicht reicht die Zeit nicht, um alles durchzunehmen.

Führen Sie Lektion 8 erst nach den Lektionen 1–3 und den anderen ausgewählten Lektionen (4–7, 10) durch, damit die Teilnehmer zuvor Gelegenheit hatten, über ihren inneren Schmerz nachzudenken. Führen Sie Lektion 9 erst nach Lektion 8 durch, denn es ist viel leichter zu vergeben, wenn der Schmerz zu heilen begonnen hat.

Der feierliche Akt *Um Vergebung bitten und anderen vergeben* bietet einzelnen Personen und Gruppen Gelegenheit, die Bitterkeit im Herzen und den Schaden, den sie anderen zugefügt haben, zu bekennen und Vergebung von Gott zu empfangen. Diese Handlung könnte den Abschluss einer Austauschgruppe bilden.

Wenn das Thema von Lektion 10 relevant ist *(Konflikte zwischen (ethnischen) Gruppen)*, kann man auch einen Mini-Kurs mit Lektion 10 und dem feierlichen Akt *Um Vergebung bitten und anderen vergeben* durchführen.

Jede Lektion beginnt mit einer Geschichte, durch die in das Thema der Lektion eingeführt wird. Diese Geschichten sollten laut vorgelesen und miteinander besprochen werden. Das Ziel ist, dass die Teilnehmer auf das Thema eingestimmt werden.

Ein wichtiger Teil des Heilungsprozesses ist, über das traumatische Erleben zu reden. Dafür gibt es während der Lektionen viel Gelegenheit. Die Teilnehmer sollten es vermeiden, beim Erzählen andere anzuklagen oder so viele Einzelheiten zu erzählen, dass es andere emotional zu stark belasten könnte. Nehmen Sie sich Zeit, die Texte aus der Heiligen Schrift in den Lektionen laut zu lesen, denn Gottes Wort schenkt Leben und nährt die Seele.

Zusammensetzung des Leiterteams

Viele Gruppenleiter arbeiten gern zu zweit, besonders, wenn mehr als eine Lektion am Stück unterrichtet wird. Ein einzelner Leiter kann allerdings durchaus eine Gruppe von sechs bis zehn Teilnehmern moderieren, die nur für ein paar Stunden zusammen sind. Bei zehn Teilnehmern sollte die Gruppe während der Gesprächsrunden in zwei Fünfergruppen aufgeteilt werden, damit sich alle beteiligen können. In diesem Fall braucht jede Gruppe einen Mitarbeiter. Unabhängig von der Teilnehmerzahl sollte eine Gruppe immer wieder in Zweier- oder Dreiergruppen aufgeteilt werden.

Eine Gruppe sollte so zusammengesetzt sein, dass die Teilnehmer das zu behandelnde Thema unbefangen miteinander besprechen können. Dabei ist vor allem der kulturelle Aspekt zu beachten. Wenn zum Beispiel Frauen nicht in der Gegenwart von Männern sprechen dürfen oder Jüngere nicht zu Wort kommen, wenn Ältere dabei sind, sollten entsprechend getrennte Gruppen organisiert werden. Betroffene müssen nicht unbedingt eine ähnliche traumatische Erfahrung gemacht haben, um eine Gruppe zu bilden. Die Auswirkungen und der Heilungsprozess von Traumata sind ähnlich, unabhängig von der Ursache.

Praktische Planung einer Austauschgruppe

Holen Sie eine Genehmigung der Organisation oder Gemeinde ein, in der sich die Austauschgruppe treffen soll. Entweder wird öffentlich zur Austauschgruppe eingeladen oder die potenziellen Teilnehmer werden persönlich angesprochen.

Die Gruppe kann sich in einer Privatwohnung oder in einem Gemeinderaum treffen. Die Teilnehmer sollten so sitzen, dass sie gut miteinander kommunizieren können, zum Beispiel in einem Kreis oder um einen Tisch. Singen ist in einer Austauschgruppe immer hilfreich. Die Gruppe sollte entscheiden, ob Erfrischungen serviert werden, und falls ja, wer sich darum kümmert.

Beginnen und beenden Sie die Treffen pünktlich. Wenn Teilnehmer sich gegen Ende noch länger unterhalten möchten, beenden Sie das Treffen offiziell, damit sich die anderen frei fühlen, zu gehen. Diejenigen, die bleiben wollen, können dann ungestört weiterreden.

Stellen Sie sicher, dass alle Teilnehmer zumindest eine gemeinsame Sprache sprechen, die während der Treffen benutzt wird. Falls Übersetzung notwendig ist, sollten Sie doppelt so viel Zeit einkalkulieren wie für einen einsprachigen Kurs. Falls Sie Bücher einsetzen, sollten sie in der Sprache/den Sprachen zur Verfügung stehen, die die Teilnehmer lesen können.

Es kommt vor, dass Teilnehmer nach Beendigung einer Austauschgruppe den Wunsch äußern, selbst Gruppenleiter zu werden. Dann können sie einen Basiskurs besuchen oder ein ausgebildeter Kursleiter kann mit ihnen noch einmal die Lektionen des Buches *Traumatisierte Menschen begleiten* durcharbeiten, inklusive der Themen über die Organisation und Durchführung eines Kurses auf den Seiten 8–27 des vorliegenden Buches.

Nach der Durchführung einer Austauschgruppe sollte ein Bericht eingereicht werden (siehe Seite 96–97).
Es kann sein, dass sich eine Gruppe weiterhin treffen möchte, um das Wort Gottes noch besser verstehen zu lernen. Dafür gibt es gute Glaubensgrundkurse, auch in den Herkunftssprachen der Geflüchteten, die in den letzten Jahren nach Europa kamen.

Erlebnisberichte, wie Gott in den Herzen der Teilnehmer wirkt, ehren Ihn und ermutigen diejenigen, die Ihren Einsatz unterstützen. Wenn Sie den Erlebnisbericht eines Teilnehmers gern weitererzählen möchten, fragen Sie ihn, ob er damit einverstanden ist, ohne dabei Druck auszuüben. Stimmt er zu, bitten Sie ihn, das Formular auf Seite 94 zu unterschreiben. Wenn möglich, legen Sie ihm die Geschichte vor, bevor sie veröffentlicht wird, und akzeptieren Sie gegebenenfalls die Rücknahme der Bewilligung. Es geht in erster Linie um das Wohlbefinden der betroffenen Person und um ihre Sicherheit.

Auch für Veröffentlichungen von Fotos muss eine Genehmigung eingeholt werden. Benutzen Sie auch dafür das Formular auf Seite 94.

Benötigtes Material

Alle Teilnehmer der Gruppe sollten das Buch *Traumatisierte Menschen begleiten* bekommen.

Sorgen Sie für **Liederbücher oder Liedblätter**, damit Sie zusammen singen können.

In einer großen Gruppe können **Namensschilder** hilfreich sein. Wenn jemand lieber anonym bleiben möchte, kann er einen Fantasienamen wählen.

Für jeden Teilnehmer brauchen Sie eine **Teilnahmebescheinigung** auf festem Papier, ein **Berichtsformular** und ein Formular, auf dem die Teilnehmer die **Erlaubnis** erteilen können, Erlebnisberichte und Fotos zu benutzen. (Muster für Teilnahmebescheinigungen für die unterschiedlichen Kurse und die anderen Formulare finden Sie im Anhang 1).

Wenn möglich geben Sie jedem Teilnehmer einen **Stift, Schreibpapier** und eine **Mappe**, um Fotokopien aufzubewahren. **Große** und **kleine Notizzettel** werden von Teilnehmern und Kursleitern laufend benötigt. Zur Visualisierung ist in jeder Einheit eine **Flipchart**, ein **Whiteboard** oder eine **Tafel** hilfreich, dazu Marker oder Kreide.
Auf jedem Tisch beziehungsweise in Griffweite sollte eine **Box mit Kosmetiktüchern** stehen. Auch ein Abfalleimer sollte vorhanden

sein. Weitere benötigte Materialien sind: **Kreppband**, eine Packung **Kopierpapier**, ein **Tacker**, eine **Schere** und eine **Glocke**, um das Ende von Gesprächen und Übungen zu signalisieren.

Für die Übung *Leid kreativ verarbeiten* und für das Verfassen des Klagepsalms brauchen Sie **Papier**, **Stifte**, **Textmarker** und **Knetmasse**. Für das Anspiel in Lektion 2 *(Heilung für seelische Verletzungen)* brauchen Sie ein mit Wasser gefülltes **Becken** und **sechs leere Plastikflaschen** mit Schraubverschluss.

Für Lektion 8 *(Den Schmerz zu Gott bringen)* brauchen Sie, wenn es angebracht ist, ein **Kreuz**, **Brennholz** und **Streichhölzer** (für Alternativen siehe Lektion 8). Für Lektion 9 *(Vergebung)* brauchen Sie eine **Schnur** oder ein **Seil**, lang genug, um zwei Menschen damit zusammenzubinden.

Schweigepflicht

Das Wort Gottes warnt immer wieder davor, schwatzhaft zu sein, und gibt als Eigenschaft einer vertrauenswürdigen Person an, dass sie ein Geheimnis bewahren kann (1. Timotheusbrief 3,11; Sprüche 20,19). Im Prozess der Traumabewältigung braucht man einen geschützten Raum, in dem man das Kursmaterial und seine eigenen Erfahrungen überdenken kann. Nur wer sich dazu verpflichtet, die Informationen über andere Gruppenmitglieder nicht weiterzugeben, darf an einer Austauschgruppe teilnehmen. Man kann die eigene Geschichte erzählen, wem man will, aber die Geschichte eines anderen darf nur mit seiner Einwilligung weitergegeben werden.

Auch für den Gruppenleiter gilt die Schweigepflicht. Es gibt allerdings Situationen, in denen es unter Umständen notwendig ist, Informationen weiterzugeben.

1. **Sexuelle Handlungen an und mit Kindern** unter 14 Jahren sind immer strafbar. Eine Anzeigepflicht gibt es jedoch nicht. Wer Missbrauch anzeigen will, sollte sich an die Polizei oder die Staatsanwaltschaft wenden. Im Vorfeld einer Anzeige ist es hilfreich, Rat und Hilfe in einer Fachberatungsstelle für sexuelle Gewalt zu suchen. Auf kei-

nen Fall sollte man selbst eine Befragung vornehmen oder Suggestivfragen stellen (diese behindern eine spätere polizeiliche Ermittlung). Die Motivation zur Anzeige sollte in erster Linie der Schutz der Gefährdeten sein, besonders der Kinder. Das ist ein zentraler Punkt im Wort Gottes (Matthäus 18,6; Sprüche 31,8; Psalm 82,3; 5. Mose 24,17; Jakobus 1,27). Gläubige sollen sich für diejenigen einsetzen, die misshandelt werden. Sie sollen Gerechtigkeit suchen und sich nicht nur mit dem rechtlichen Minimum begnügen. Für die Gemeinschaft und für das Opfer ist es immer das Beste, sexuellen Missbrauch an Kindern anzuzeigen, auch wenn es zunächst so aussieht, als ob dadurch mehr Schaden angerichtet würde. Eine Anzeige kann auch beim Heilungsprozess helfen, weil das Verbrechen als solches behandelt wird.

2. **Missbrauch an Menschen mit Behinderung oder Menschen, die aufgrund ihres Alters als „hilflos" einzustufen sind**, sollte ebenfalls angezeigt werden, auch wenn es keine Pflicht ist.
3. **Missbrauch an geschäftsfähigen Erwachsenen** verpflichtet nicht zur Anzeige. Diese könnte dem Opfer sogar schaden. Auf keinen Fall darf man das Opfer zur Anzeige zwingen oder ohne das Einverständnis des Opfers Anzeige erstatten! Bei allen Entscheidungen, die getroffen werden, sollte die Sicherheit im Vordergrund stehen und das Opfer einbezogen werden.
4. **Selbsttötungsabsicht:** Das Gesetz schreibt nicht vor, dass von Selbsttötung Gefährdete gemeldet werden müssen. Als Helfer sollte man jedoch überlegen, welche Sicherheitsmaßnahmen getroffen werden können (Lektion 6B) und ob es notwendig ist, die Polizei bzw. die Notfall-Seelsorge[1)] einzubeziehen.
5. **Mord und Körperverletzung:** Wenn ein Gruppenleiter hört, dass ein Teilnehmer vorhat, jemand anderem Schaden zuzufügen, hat der Gruppenleiter die Freiheit, diese Person zu warnen. Er sollte auch stark in Erwägung ziehen, die Polizei einzuschalten.

1) Hotlines und andere Beratungsangebote in Deutschland, Österreich und der Schweiz finden Sie auf den Seiten 102–103.

Austauschgruppen und Kurse leiten

Um Austauschgruppen und Kurse mit dem Buch *Traumatisierte Menschen begleiten* gut zu leiten, sind drei Dinge notwendig:

- **partizipatives Lernen**, d.h. jeder in der Gruppe ist beteiligt
- anschauliche Verwendung von **visuellen Hilfsmitteln**
- gute Steuerung der **Gruppendynamik**

Partizipatives Lernen

Das partizipative Lernen ist ein wichtiger Teil des Heilungsprozesses. Es ist effektiver als traditionelle Unterrichtsmethoden, denn man erinnert sich an:

- 20 Prozent von dem, was man hört
- 30 Prozent von dem, was man sieht
- 70 Prozent von dem, was man mit anderen bespricht
- 80 Prozent von dem, was man selbst erlebt
- 95 Prozent von dem, was man unterrichtet

Das partizipative Lernen ist auch deshalb ein wichtiger Teil des Heilungsprozesses, weil es den Teilnehmern die Möglichkeit gibt, aufeinander einzugehen und einander ihre Geschichten zu erzählen.

Wenn der Kursleiter weniger sagt,
lernen die Teilnehmer mehr.

Partizipatives Lernen respektiert das Wissen und die Erfahrung, die die Gruppe mitbringt. Es ermöglicht den Teilnehmern, sich persönlich mit den verschiedenen Denkansätzen auseinanderzusetzen. Wenn der Verstand, die Gefühle und der Körper einbezogen werden, lernt man am besten. Auch Lachen trägt zum Lernen bei. Je kreativer, desto besser.

Keiner ist allein so schlau
wie alle zusammen.

Versuchen Sie zu erkennen, wo die Gruppe steht, und passen Sie sich entsprechend an. Das fördert den Austausch. Partizipatives Lernen bedeutet, dass man als Leiter ein gewisses Risiko eingeht, weil man im Voraus nicht weiß, was die Teilnehmer sagen werden. Aber es lohnt sich, dieses Risiko auf sich zu nehmen!

Seien Sie flexibel, wenn Teilnehmer Fragen zu Themen stellen, die eigentlich erst später dran wären. **Nutzen Sie** solche **Gelegenheiten** und gehen Sie auf die Fragen ein. Man kann sie zunächst an die Gruppe zurückgeben und gegebenenfalls anschließend die eigenen Gedanken ergänzen. Wenn die Teilnehmer Fragen stellen, die nichts mit dem Thema der Lektion zu tun haben, die aber trotzdem besprochen werden sollten, können Sie ein Flipchart-Blatt oder einen Teil der Tafel als „Kühlschrank" bezeichnen, in dem Fragen für einen späteren Zeitpunkt aufbewahrt werden.

Schaffen Sie einen geschützten Raum: Zwingen Sie die Teilnehmer nicht, sich mitzuteilen; blamieren bzw. beschämen Sie sie nicht, indem Sie ihnen öffentlich widersprechen. Weisen Sie auch auf Diskretion, Vertraulichkeit und Schweigepflicht hin (Seite 18).

Planen Sie Ihre Lektion: Überlegen Sie zuerst, wie Sie die Gruppe mit einbeziehen möchten, nicht, was Sie vortragen werden. Sagen Sie gerade genug, um das Thema einzuführen, und stellen Sie Fragen, die die Diskussion in Gang bringen (oder geben Sie Anweisungen für eine Übung). Diese Fragen (oder Anweisungen) müssen eindeutig sein und zum Inhalt der Lektion passen. Die Fragen im Buch sind mit Bedacht zusammengestellt worden. Wenn Sie andere Fragen benutzen möchten, testen Sie sie vorher.
Bei den meisten Gesprächen sollten die Teilnehmer ihr Buch geschlossen halten, um nicht durch Lesen abgelenkt zu werden. Während die Kleingruppen zusammen sind, kann der Leiter den nächsten Abschnitt der Lektion anschauen und sich darauf einstellen.

Nach dem Gespräch in Kleingruppen sollte man das Ergebnis zusammentragen, um den Wissensstand der Gruppe einschätzen zu können. Ergänzen Sie dann, was im Buch steht und nicht erwähnt wurde. Danach können Sie zum nächsten Abschnitt der Lektion übergehen.

Darstellung Partizipatives Lernen

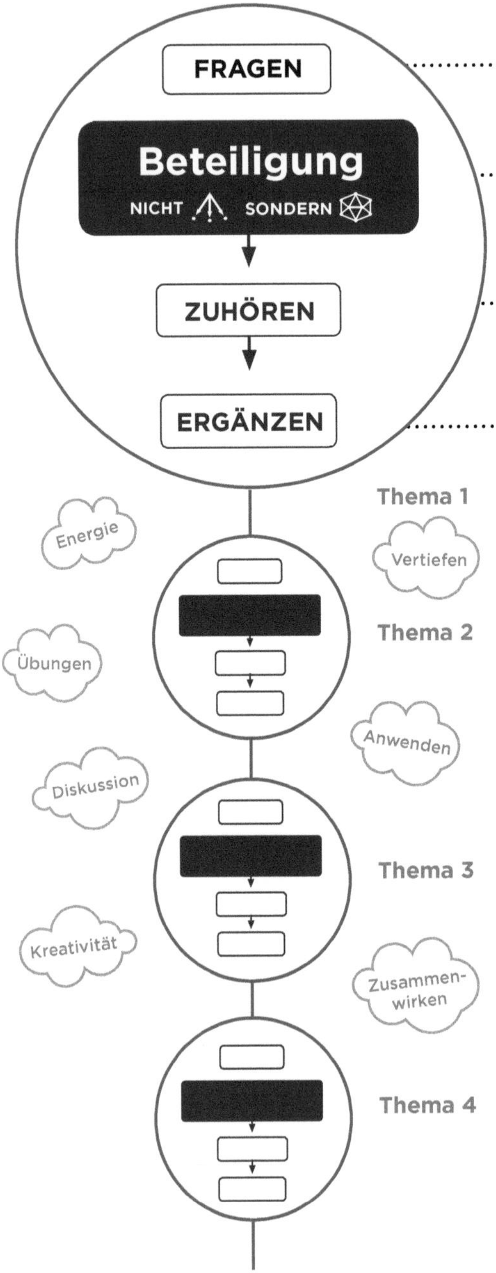

Thema kurz einführen und Diskussion anregen (nicht länger als 10 Minuten)

Einzeln, in 2er-Gruppen, in Kleingruppen oder in der großen Gruppe

Rückmeldung:
- auf nur eine Frage oder
- jede Gruppe antwortet auf eine andere Frage oder
- eine Antwort von jeder Gruppe oder
- einfach ein paar Antworten

Ergänzen Sie alles, was im Buch steht und noch nicht erwähnt wurde

Lassen Sie die Teilnehmer möglichst viel Neues ausprobieren – z.B. die Zuhörübung, einen Klagepsalm schreiben, einen Brief an einen geliebten Menschen schreiben, der sich das Leben genommen hat, usw.

Geben Sie den Teilnehmern Zeit, zu überlegen, wie sie das Gelernte in ihrem Leben anwenden können. Während der Lektionen gibt es immer wieder Gelegenheit dazu. Man kann auch ein *Reflexionsblatt* für die Lektionen vorbereiten, die man durchnehmen will. Teilen Sie es am Anfang des Kurses aus und bitten Sie die Teilnehmer, am Ende der Lektion oder des Tages aufzuschreiben, was ihnen wichtig geworden ist und was sie umsetzen wollen.

REFLEXIONEN ZU DEN LEKTIONEN

Was möchten Sie von dieser Lektion behalten und was wollen Sie umsetzen?

Lektion 1 Warum gibt es Leid auf der Welt?	
Lektion 2 Heilung für seelische Verletzungen	
usw.	

Zeitmanagement ist eine Kunst. Seien Sie realistisch bezüglich des Kursinhaltes, den Sie in der zur Verfügung stehenden Zeit durchnehmen wollen. Vermeiden Sie es, der Gruppe den Eindruck zu vermitteln, dass die Zeit nicht reicht. Es ist nicht hilfreich, zu sagen: „Wir haben wenig Zeit, also überspringen wir das“. Überspringen Sie diese Abschnitte ohne Kommentar. Fallen Sie nicht in den Vortragsstil, wenn die Zeit knapp wird. Behalten Sie den partizipativen Unterrichtsstil bei und lassen Sie lieber einen Teil der Lektion weg.

VISUELLE HILFSMITTEL SINNVOLL EINSETZEN

Als visuelles Hilfsmittel kann alles Mögliche dienen, vom Schreiben auf eine Flipchart bis hin zu einem Gegenstand, der den Teilnehmern hilft, sich daran zu erinnern, was gesagt wurde.

Beim Einsatz einer Flipchart:

- **Schreiben Sie nur die wichtigen Dinge auf.** Wenn man alles aufschreibt, sticht das Wichtige nicht mehr hervor. Weniger ist mehr.
- **Schreiben Sie klar und groß genug,** damit die Teilnehmer es lesen können – sonst nützt es nichts.
- **Stehen Sie seitlich von der Tafel,** damit Sie das Geschriebene nicht verdecken.
- **Das Gespräch steht im Vordergrund.** Schreiben sollte das Gespräch unterstützen, aber nicht den Fokus auf sich ziehen.
- Wenn jemand für Sie schreibt, **lassen Sie ihn seinen Satz beenden,** bevor Sie weitermachen.
- Wenn Kleingruppen ihre Antworten auf Flipchart-Papier schreiben, **lassen Sie sie ihre Arbeit vorstellen.** Es ist nicht nötig, das Gesagte nochmals schriftlich festzuhalten.

Jede Gruppe ist anders. Damit Gruppenleiter besser auf die besondere Dynamik der Gruppe eingehen können, raten wir von computergestützten Präsentationen wie PowerPoint oder Keynote ab.

Verwenden Sie visuelle Hilfsmittel, die die Teilnehmer auch verwenden können, wenn sie selbst einmal Schulungen halten. Ziehen Sie dabei Kosten, Technik usw. in Betracht.

DIE GRUPPENDYNAMIK STEUERN

Die folgende Tabelle stellt verschiedene Probleme dar, die in einer Gruppe auftreten können, und gibt Anregungen, wie man mit diesen Problemen umgehen kann.

Problemperson	Mögliche Lösung
Der Schwätzer: Er redet die ganze Zeit und dominiert die Gruppe.	„Lassen Sie uns mal von jemand anderem hören." Manchmal merken die „Schwätzer" nicht, dass sie dominieren und vielleicht ist es notwendig, ein Gespräch unter vier Augen mit ihnen zu führen.
Der Ruhige: Er sagt gar nichts.	„Was denken Sie darüber?" Zwingen Sie eine ruhige Person nicht, sich mitzuteilen, wenn sie es nicht will, aber versuchen Sie, ihr einen Platz zum Reden einzuräumen, wenn sie bereit dazu ist.
Der Ablenker: Er bringt es fertig, jedes Thema in eine andere Richtung zu lenken, als der Leiter es möchte.	Lenken Sie das Thema wieder in die richtige Richtung und führen Sie die Gruppe zurück zur aktuellen Frage. Wenn nötig, schreiben Sie die ablenkende Frage auf den dafür vorgesehenen Platz an der Tafel oder auf der Flipchart.
Der Falsch-Informierte: Er gibt falsche Informationen.	Fragen Sie die Gruppe, ob jemand darauf antworten möchte. Es ist gut, wenn die Teilnehmer sich gegenseitig berichtigen, aber lassen Sie die falsche Information nicht unkorrigiert im Raum stehen.
Der Überforderte: Er bricht in Tränen und Schluchzen aus und kann seine Gefühle nicht beherrschen.	Suchen Sie jemanden, der mit ihm an einem ruhigen Platz reden kann.
Der Erdrücker: Er erzählt seine Geschichte auf so grausame Art und Weise, dass andere davon traumatisiert werden.	Informieren Sie die Teilnehmer schon am Anfang des Treffens darüber, dass sie ihre Geschichten zwar erzählen, aber schreckliche Szenen nicht unnötig ausmalen sollen. Das kann andere aus der Fassung bringen.

Der geistliche Zurechtweiser: Egal wie das Problem aussieht, er hat einen Vers aus dem Wort Gottes und einen Ratschlag auf Lager. Er redet den Schmerz anderer klein oder versucht, alle zurechtzubringen, statt zuzuhören.	Stellen Sie schon am Anfang des Treffens klar, dass die Gruppe zum Zuhören da ist, nicht um Probleme zu lösen.
Der Beleidiger: Er benimmt sich kulturell unangemessen oder anderen Glaubenspraktiken gegenüber respektlos.	Stellen Sie sicher, dass keiner ausgegrenzt oder gar gemobbt wird. Vielleicht ist es um der Gruppe willen notwendig, jemanden unter vier Augen zurechtzuweisen.

DIE LEKTIONEN

Beim Vorbereiten einer Lektion ist es natürlich zunächst wichtig, sich mit dem Inhalt des Buchs *Traumatisierte Menschen begleiten* vertraut zu machen. Die Zeitpläne mit den Minutenangaben in dem vorliegenden Buch sind nützlich für das Zeitmanagement und geben einen raschen Überblick über den Aufbau der Lektion. Außerdem finden Sie Tipps, Vorschläge zum Zeitsparen, Anspiele und vieles mehr. Es handelt sich um Erfahrungen von Kursleitern weltweit.

- Die Lektionen (mit Ausnahme von Lektion 2 und 3) dauern 90 Minuten. Wenn mehr Zeit zur Verfügung steht, nutzen Sie sie für die Themen und Fragen, die in Ihrer Situation am wichtigsten sind.
- Abkürzungen: **GG = Große Gruppe** oder Plenum; **KG = Kleine Gruppe/n**.
- Nach dem Treffen sollten die Teilnehmer jede Lektion für sich aufarbeiten, aber keine Lektionen im Voraus lesen.

BEGRÜẞUNGSRUNDE

Beginnen Sie den Kurs mit einer Begrüßungsrunde. Bei Austauschgruppen, die wöchentlich zusammenkommen, kann die Begrüßungsrunde einen ausgiebigen Teil des ersten Treffens einnehmen. Für mehrtägige Kurse empfiehlt sich eine solche Runde am Abend vor Kursbeginn, falls die meisten schon angereist sind. Aber halten Sie die Runde kurz, besonders wenn die Teilnehmer von der Reise müde sind. Wer erst am nächsten Tag ankommt, kann sich dann noch vorstellen. Möglicherweise sollte die Begrüßungsrunde aber besser am Morgen des ersten Kurstages stattfinden, wenn abends noch viele Teilnehmer fehlen.

- Teilen Sie die Namensschilder aus, falls angebracht.
- Kennenlernspiel: Wenn sich die Teilnehmer noch nicht kennen, helfen Sie ihnen, sich auf interaktive Weise kennenzulernen. Die Teilnehmer gehen z. B. auf jemanden zu, den Sie noch nicht kennen, und bereiten sich darauf vor, ihn der großen Gruppe vorzustellen. Dazu erfragen sie: Name, berufliche Tätigkeit und ein frohes Erlebnis aus der Kindheit oder etwas Ungewöhnliches über ihn, das für die Gruppe neu ist.
- Fragen Sie nach den Erwartungen der Teilnehmer für den Kurs. Vereinbaren Sie: a) die Unterrichtszeiten, b) die Lektionen, die neben den Kernlektionen durchgenommen werden sollen und c) erwünschte Ergebnisse. Die Darstellung *Stationen der Traumabewältigung* (Seite 9) kann dabei hilfreich sein. Geben Sie einen kurzen Überblick über den Inhalt des Kurses, ohne ins Detail zu gehen. Zu viele Einzelheiten geraten zu diesem Zeitpunkt schnell wieder in Vergessenheit.
- Sprechen Sie Grundregeln für Vertraulichkeit (Seite 18) und einen geschützten Raum (Seite 21) an. Austauschgruppen sind geschlossene Gruppen. Das bedeutet, dass keine Besucher zugelassen sind und dass nach dem ersten Treffen keine neuen Teilnehmer mehr dazustoßen können. Es wird erwartet, dass die Teilnehmer zu allen Treffen erscheinen. Wenn jemand verhindert ist, sollte ein anderer Teilnehmer vor dem nächsten Treffen die verpasste Lektion mit ihm durcharbeiten. Aus Respekt vor den anderen, sollten Handys während der Lektionen auf lautlos gestellt werden.
- Wenn angebracht, schließen Sie die Begrüßungsrunde mit einem Lied, einem Wort aus der Heiligen Schrift und einem Gebet ab.

LEKTION 1

WARUM GIBT ES LEID AUF DER WELT?

LERNZIELE

Am Ende der Lektion sollten die Teilnehmer Folgendes können:

- Ihren Glauben an Gott besser verstehen, auch im Hinblick auf leidvolle Erfahrungen
- Kulturelle Ansichten über Gott erkennen und im Licht der Heiligen Schrift beurteilen
- Falsche Lehren über Gott erkennen, insbesondere Lehren, die das Leiden verstärken
- Erkennen, dass Probleme mit ihrem irdischen Vater sie möglicherweise davon abhalten, die Liebe des himmlischen Vaters zu erleben
- Anfangen, Gottes Gnade auch in schweren Zeiten zu erfahren

Abschnitte	Unterpunkte
1. Geschichte: Endlich im Land der Hoffnung! **(13 min)**	**GG:** Geschichte laut lesen. **(4 min)**
	KG: Fragen für die Diskussionsrunde: • Welche Gefühle hat Esther im Moment? Welche Gefühle hat sie Gott gegenüber? • Warum fühlt Esther so? Was denken Sie? • Kennen Sie selbst auch solche Gefühle? **(5 min)**
	GG: Rückmeldungen **(4 min)**
2. An welche Eigenschaften Gottes sollten wir besonders denken, wenn wir leiden? **(20 min)**	**GG:** Einführung: Wenn uns etwas Schlimmes passiert, versuchen wir, den Sinn dahinter zu verstehen. Was uns die Heilige Schrift über Gottes Charakter sagt, kann sich von dem unterscheiden, was wir in unserer Kultur über Gott gelernt haben. Was uns schon als Kind beigebracht wurde, kommt uns oft zuerst in den Sinn und bringt uns dazu, an Gottes Güte zu zweifeln.

	KG: Austausch: Wie denken die Menschen in Ihrer Gesellschaft über Gott, vor allem, wenn ihnen etwas Schlimmes passiert? Und wie denken Sie über Ihn? **(5 min)**
	GG: Rückmeldungen sammeln. Zwei Spalten auf der Tafel oder der Flipchart machen. Die Beiträge in die linke Spalte schreiben. **(5 min)**
	KG: Jeweils eine Stelle aus dem Wort Gottes (Abschnitte 2A–2F) auf einen Zettel schreiben und an die Tischgruppen verteilen. In der KG die Verse laut lesen und die im Arbeitsbuch aufgeführten Fragen dazu beantworten. (Psalm 34,19; Psalm 103, 8–10; Jesaja 41,10; Matthäus 9,35–36; Sprüche 6,16–19; Psalm 9,10–11) **(5 min)**
	GG: Verse laut vorlesen lassen. Antworten in die rechte Spalte eintragen. Aussagen des Wortes Gottes mit dem vergleichen, was man bisher über Gott gelernt hat. Diese Gegenüberstellung ist sehr hilfreich, wenn wir daran zweifeln, dass Gott es gut mit uns meint. **(5 min)**
3. Welche persönlichen Erfahrungen machen es uns schwer, an Gottes Güte zu glauben? **(16 min)**	Zur Einstimmung auf diese Frage können Sie das Anspiel *Radiosender* vorspielen (lassen) (siehe unten). **GG:** Austausch. Wenn die Punkte A bis C nicht erwähnt wurden, fragen: Was denken wir, wenn wir leiden und ... • unsere geistlichen Leiter sich nicht klar gegen das Böse und die Ungerechtigkeit aussprechen? • wir das vernachlässigen, was unseren Glauben stärken würde? • wir in unserer Kindheit keine Liebe von unseren Eltern erfahren haben? **(5 min)**
	Zu zweit über den eigenen Vater nachdenken: • Fühlten Sie sich als Kind geliebt? • Wie beeinflusst die Erfahrung mit Ihrem irdischen Vater Ihre Erfahrungen mit Gott, der alle Eigenschaften eines idealen Vaters hat? **(8 min)**
	GG: Rückmeldungen sammeln. Erklären: Oft übertragen wir das Bild, das wir von unserem irdischen Vater haben, auf Gott. So wie wir als Kinder die Liebe unseres Vaters erfahren haben, erleben wir auch Gottes Liebe. **(3 min)**

4. Woher kommt das Leid in der Welt? **(13 min)**	**GG:** Austausch: Wie kamen das Böse und das Leid in die Welt? Was sagt man in Ihrem Umfeld darüber? **(3 min)**
	Schauen wir nach, was die Gottes Wort dazu sagt. **KG:** Jede Tischgruppe bekommt einen Zettel mit den Stellen aus dem Wort Gottes, die unter je einem Abschnitt (A, B oder C) genannt sind, und versucht, eine Antwort auf folgende Fragen zu finden: Welche dieser Ursachen für das Böse und für Leid überrascht Sie am meisten? Welche Ursache ist am schwierigsten zu verstehen? **(5 min)**
	GG: Rückmeldungen sammeln und ergänzen. **(5min)**
5. Kann Gott durch Leid auch Gutes bewirken? **(23 min)**	**GG:** Einführung: Böses ist böse, aber es gibt nichts, was Gott nicht zum Guten wenden könnte. Er wird immer das letzte Wort haben. Wir können nicht erklären, warum Gott zulässt, dass wir leiden. Und selbst wenn wir es könnten, würde der Schmerz dadurch nicht verschwinden. Dennoch ist es hilfreich, darüber nachzudenken, dass Leid auch Positives bewirken kann.
	KG: Austausch: Welche positiven Auswirkungen kann Leid haben? Abschnitte im Wort Gottes lesen und Gedanken dazu in die Tabelle im Buch schreiben. (2. Korintherbrief 1,4; 1. Mose 50,18–20; 1. Petrusbrief 1, 6–7; Offenbarung 21,4) **(8 min)**
	GG: Rückmeldungen sammeln und ergänzen, was aus den Abschnitten A bis D nicht erwähnt wurde. **(7 min)**
	KG: Austausch: Wie ist Gott Ihnen im Leid begegnet? **(5 min)**
	GG: Einige Rückmeldungen **(3 min)**
Abschließende Übung **(5 min)**	Gottes Liebe erfahren. **Vorsicht:** Wenn Teilnehmer in der Gruppe sind, die schlechte Erfahrungen mit ihrer Mutter gemacht haben, Jesaja 49,15 weglassen und direkt mit Psalm 103,13 beginnen.

VORSCHLÄGE

Vielleicht möchten Sie Punkt 5 lieber vor Punkt 3 stellen: *Kann Gott durch Leid auch Gutes bewirken?* vor *Welche persönlichen Erfahrungen machen es uns schwer, an Gottes Güte zu glauben?* Tun Sie, was Sie für Ihre Gruppe als besser empfinden.

ANSPIEL *RADIOSENDER*

Erzähler: Fatja hat gerade ein Trauma erlebt: Ihr Sohn hatte einen schweren Autounfall. Nach ein paar Tagen auf der Intensivstation starb er. Sie ist völlig aufgelöst. In der Hoffnung, etwas Trost und neuen Mut zu finden, schaltet sie schließlich einen islamischen Radiosender ein. Auf dem ersten Sender, den sie findet, sagt ein Imam ...

Imam: Hast du gesündigt? Allah vergibt Sünden durch die Schwierigkeiten, denen wir in unserem Leben begegnen. Wenn du von einem schlimmen Schicksal betroffen bist, hast du gesündigt. Bereue deine Tat, ertrage dein Leid geduldig, damit Allah nicht zornig wird und dir die Tür zum Paradies verschließt.

Fatja *(erschrocken):* Oh, ich muss gesündigt haben, deshalb ist mein Sohn gestorben. Allah ist zornig auf mich. Aber was habe ich falsch gemacht? Ich weiß nicht einmal, was ich bereuen soll.

Erzähler: Sie beschließt, einen anderen Sender zu suchen.

Imam: Tue Gutes und bete. Wie oft hast du heute schon gebetet? Wie viele gute Taten hast du diese Woche schon vollbracht? Wieviel Almosen hast du gegeben? Verdopple deine Bemühungen und Allah wird sich über dich freuen und deine Gebete erhören.

Fatja: Oh, ich habe nicht genug getan, um Allah zu gefallen. Ich hätte die Gebetszeiten strikter einhalten und viel länger beten müssen. Ich hätte meine kranke Nachbarin besuchen müssen und ich hätte viel großzügiger Almosen geben müssen. Dann hätte Allah mich gesegnet und mein Sohn wäre nicht gestorben.

Erzähler: Verzweifelt drückt Fatja noch einmal auf die Fernbedienung und hört einen weiteren Imam.

Imam: Gelobt sei Allah! Er garantiert seine Hilfe denen, die an Ihn glauben und Ihm vertrauen. Er liebt die Vertrauenden und schenkt ihnen Gesundheit. Wie groß ist dein Glaube an ihn? Vertraust du Ihm?

Fatja: Oh, wenn ich nur mehr geglaubt hätte! Dann hätte Allah mir geholfen und mein Sohn wäre nicht gestorben.

Unterhalten Sie sich über das Anspiel.

Um Zeit zu sparen

- Punkt 5 ist vielleicht vielen bekannt. Wenn die Zeit knapp wird, lassen Sie diesen Punkt aus. Oder lassen Sie zwei oder drei Teilnehmer kurz erzählen, was Gott durch Leid und Schmerz in ihrem Leben bewirkt bzw. verändert hat.
- Wird der Kurs mehrere Tage hintereinander unterrichtet, könnte die abschließende Übung auf den nächsten Morgen verschoben und als Andacht benutzt werden.

LEKTION 2

HEILUNG FÜR SEELISCHE VERLETZUNGEN

Wenn Sie alle Übungen in dieser Lektion machen möchten, brauchen Sie ca. 3 Stunden und 45 Minuten. Wir empfehlen, sie ohne Zeitdruck durchzuführen. Bei drei- bis viertägigen Kursen können Sie vielleicht zwei längere Übungen für ein Treffen am Abend einplanen.

Vorbereitungen für diese Lektion:
Die linke Spalte der Tabelle von Punkt 2 auf eine Tafel oder Flipchart schreiben.

Üben Sie das Anspiel unter Abschnitt 4C ein. Wenn es von Teilnehmern gespielt wird, achten Sie darauf, dass der gute Zuhörer keine Ratschläge erteilt! Es ist besser, wenn der Text frei gesprochen und nicht abgelesen wird.

LERNZIELE

Am Ende der Lektion sollten die Teilnehmer Folgendes können:

- Erklären, was ein Trauma ist
- Verhaltensweisen erkennen, die auf eine seelische Verletzung bei sich selbst oder bei anderen hinweisen

- Aus dem Wort Gottes belegen, dass Gott ehrliche und aufrichtige Emotionen erlaubt
- Seelische Verletzungen lindern durch Zuhören, durch kreatives Verarbeiten der seelischen Schmerzen, durch Wahrnehmen, was guttut und Kraft spendet und durch Übungen, die helfen, die überwältigenden Gefühle unter Kontrolle zu bringen

Abschnitte	Unterpunkte
1. Geschichte: Gabriel kommt an **(20 min)**	**GG:** Geschichte laut lesen. **(4 min)**
	KG: Fragen für die Diskussionsrunde. Jede Tischgruppe spricht über eine der folgenden Fragen: • Wie hat Gabriel sich durch die Folter im Gefängnis verändert? Was hat Gabriel verloren? • Wie hat Gabriels Veränderung Esther beeinflusst? Was hat Esther verloren? • Wie geht man in Ihrer Kultur mit Gefühlen um, wenn man schmerzhafte Situationen erlebt? **(5 min)**
	GG: Rückmeldungen auflisten, was Gabriel, Esther und die Kinder erleben bezüglich Sicherheit, finanzieller Möglichkeiten, Glaube, Gesundheit, Schlaf, eines fröhlichen Familienlebens, Freunden, Arbeitsmöglichkeiten usw. Ziel ist, dass die Teilnehmer realisieren, welches Ausmaß an Veränderungen die eine Nacht, in der sie fliehen mussten, mit sich gebracht hat.
	Am Beispiel der Familie erklären, was ein Trauma ist: Wir können ein Trauma erleben, wenn wir infolge von Tod, schweren Verletzungen oder sexueller Gewalt von intensiver Furcht, Ohnmacht und Entsetzen überwältigt sind. Man kann auch ein sogenanntes sekundäres Trauma erleben - dadurch, dass man sich die traumatische Erfahrung eines Menschen anhört (siehe Lektion 7), vor allem, wenn es nahe Freunde oder Familienmitglieder betrifft. **(11 min)**
2. Was ist eine seelische Verletzung? **(25 min)**	**A: GG:** Vergleich zwischen körperlicher und seelischer Verletzung. Schon im Voraus die Spalte unter *Körperliche Verletzung* auf eine Flipchart oder Tafel schreiben. Die Spalte unter *Seelische Verletzung* noch frei lassen. Die Teilnehmer entdecken zusammen die Gemeinsamkeiten und die Unterschiede. Zu jedem Punkt die rechte Spalte ausfüllen. **(10 min)**

<table>
<tr><td></td><td>B: GG: Die drei häufigsten Reaktionen von traumatisierten Menschen vorstellen:
• Nacherleben (durch Alpträume oder durch Rückblenden, die wie Alpträume in wachem Zustand sind)
• Vermeiden/Verdrängen (Orte, Menschen, Gefühle … man ist wie betäubt, greift zu Drogen)
• ständig in Alarmbereitschaft (Furcht, Panik, Wutausbrüche. Führt zu körperlichen Beschwerden und anderen Problemen) (3 min)</td></tr>
<tr><td>Option 1</td><td>KG: Fragen zum Austausch:
• Kennen Sie einen traumatisierten Menschen, der solche Reaktionen erlebt oder erlebt hat?
• Beeinflussen oder beeinflussten diese Reaktionen sein Verhalten? Erzählen Sie Beispiele. (5 min)</td></tr>
<tr><td rowspan="3">Option 2</td><td>GG: Einen großen Kreis bilden.
Fragen Sie: „Wer kennt jemanden, der ein Trauma durch Alpträume oder Rückblenden nacherlebt (hat)?“ Wer sich angesprochen fühlt, geht einen Schritt in den Kreis.
Fragen Sie weiter: „Wer kennt jemanden, der versucht (hat) traumatische Erinnerungen durch Alkohol, Drogen, Überarbeiten, Überessen etc. zu verdrängen?“ Wer sich angesprochen fühlt, geht einen Schritt in den Kreis.
Dann fragen Sie: „Wer kennt jemanden, der ständig in Alarmbereitschaft ist? Er ist schreckhaft und angespannt, reagiert heftig und hat einen schnellen Herzschlag.“ Wer sich angesprochen fühlt, geht einen Schritt in den Kreis.
Das Ziel des Spiels ist, den Teilnehmern klarzumachen, dass diese Reaktionen normal und weitverbreitet sind. (5 min)</td></tr>
<tr><td>GG: Rückmeldungen (4 min)</td></tr>
<tr><td>C: Welche seelischen Verletzungen sind besonders schlimm? Zusammentragen und ergänzen. (3 min)</td></tr>
<tr><td rowspan="2">3. Wie sollen wir mit unseren Gefühlen umgehen? Was sagt Gottes Wort dazu?
(15 min)</td><td>KG: Folgende Verse aus dem Wort Gottes auf verschiedene Tischgruppen verteilen und fragen: „Was lernen wir aus diesen Abschnitten über den Umgang mit unseren Gefühlen?“
Josef: 1. Mose 45,1–2; Hagar: 1. Mose 21,14–19; Jona: Jona 4,1–3; David: Psalm 55,5–7; Jesus: Matthäus 26,37–38; Jesus: Johannes 11,33–35. (8 min)</td></tr>
<tr><td>GG: Rückmeldungen – jede Gruppe fasst ihre Verse und das Ergebnis ihres Austauschs zusammen. (7 min)</td></tr>
<tr><td>4. Wie können wir Menschen helfen, Heilung für ihre seelischen Verletzungen zu finden?
(50 min)</td><td>GG: Auf eine Flipchart oder Tafel die beiden Überschriften A und B schreiben:
A. Den Menschen helfen, mit schwierigen Gefühlen konstruktiv umzugehen.
B. Den Menschen helfen, neue Kraft und neue Stabilität zu gewinnen. Relevante Unterpunkte dazu erarbeiten und ergänzen. (10 min)</td></tr>
</table>

	C: GG: Das Anspiel *Ein schlechter und ein guter Zuhörer* am Ende des Kapitels vorspielen (lassen). Die Teilnehmer äußern sich zur Frage: Was haben Sie beobachtet? Das Ziel des Zuhörens klarmachen. **(15 min)**
	KG: Die Gruppen tauschen sich über eine der beiden Fragen aus: • Was sollte ein guter Gesprächspartner tun? • Was sollte ein guter Gesprächspartner nicht tun? **(10 min)**
	GG: Rückmeldungen sammeln und ergänzen, was noch nicht erwähnt wurde. **(10 min)**
	D: GG: Über diese Punkte reden. Darauf hinweisen, dass Menschen, die innerlich schwer verletzt sind, professionelle Begleitung brauchen. Finden Sie im Vorfeld heraus, wer in Ihrer Umgebung fachliche Hilfe leisten kann. **(5 min)** Wenn es die Zeit erlaubt, führen Sie das Anspiel *Flaschen unter Wasser* durch (siehe unten).

Übungen zu Lektion 2

Aktiv zuhören lernen **(30 min)**	**Zu zweit:** Einer erzählt eine Geschichte, die er erlebt hat (kein Trauma). Der andere versucht aufmerksam zuzuhören. Siehe Anweisungen im Arbeitsbuch. **(20 min)**
	GG: Austausch über folgende Fragen: • Wie haben Sie sich während der Übung gefühlt? • Was war schwierig? • Hatten Sie das Gefühl, dass der andere Ihnen gut zugehört hat? Wenn ja, warum? Wenn nein, warum nicht? • Was hat der Zuhörer Ihrer Meinung nach gut gemacht? • Was hat der Zuhörer nicht wahrgenommen? **(10 min)**
Der sichere innere Ort **(3 min)**	Mit ruhiger Stimme vorlesen, zwischendurch kurze Pausen einlegen zum Nachdenken. Den Teilnehmern empfehlen, diese Übung auswendig zu lernen. **(3 min)**
Die Tresor-Übung **(5 min)**	Mit ruhiger Stimme vorlesen, zwischendurch kurze Pausen einlegen zum Nachdenken. Den Teilnehmern empfehlen, diese Übung auswendig zu lernen. Falls das Bild eines Berges schlechte Erinnerungen auslöst, können die Teilnehmer einen anderen Platz suchen, wo ihr Tresor stehen soll. **(5 min)**

Leid kreativ verarbeiten **(40 min)**	Instruktionen geben **(5 min)**; malen/kneten **(20–30 min)**; austauschen **(5–10 min)**. Wenn möglich, können sich die Teilnehmer für das Malen oder Kneten einen ruhigen Platz suchen. Diejenigen, die sich über ihr Werk austauschen wollen, bilden Kleingruppen und reden über die angegebenen Fragen. Das kann ein bewegender Moment werden. Deshalb sollten sich diejenigen, die nicht am Austausch teilnehmen wollen, ruhig verhalten oder so lange den Raum verlassen.
Lebensfluss **(37 min)**	Instruktionen geben **(5 min)**; malen und schreiben **(22 min)**; austauschen **(10 min)**. Nur wer möchte, nimmt am Austausch in 2er-Gruppen teil.

ANSPIEL: *EIN SCHLECHTER UND EIN GUTER ZUHÖRER*

Michael war letzte Woche in einen schweren Autounfall verwickelt. Er hat sich dabei einen gebrochenen Arm und eine leichte Gehirnerschütterung zugezogen, seine Frau und seine Tochter sind fast ums Leben gekommen. Der Fahrer des anderen Wagens ist gestorben. Michael wurde aus dem Krankenhaus entlassen, macht sich jetzt aber Sorgen um seine Familie. Er fühlt sich zusehends schlechter, obwohl ihm Menschen zur Seite stehen, die ihm mit dem Haushalt, mit Mahlzeiten und Fahrdiensten helfen, damit er seine Familie im Krankenhaus besuchen kann. Paul, sein Pastor, ist gerade im Krankenhaus angekommen, um Michaels Familie zu besuchen. Im Flur trifft er auf Michael, der bedrückt und ruhelos auf- und abläuft. **(P = Pastor Paul, M = Michael)**

EIN SCHLECHTER ZUHÖRER

P: *(Hektischer Gruß.)* Ich bin hier, um deine Familie zu besuchen.

M: Sie schlafen gerade, aber mir geht es nicht gut.

P: Schau auf die positiven Dinge: Du hast überlebt! Gott sei Dank *(hektisch)*.

M: Aber ich bin verwirrt. Können wir reden?

P: *(Schaut auf die Uhr.)* Ich habe gleich eine Bausitzung. Lass uns reden, während wir zu meinem Auto gehen.

M: *(Zögernd.)* Okay.

(Beide gehen los.)

M: Jetzt, wo es meiner Frau und meiner Tochter besser geht, fühle ich mich schlechter. Ich kann nicht schlafen und ich vermeide Autos, besonders das Autofahren.

P: Es gibt keinen Grund dafür, Angst zu haben. Vergiss es, krieg die Sache in den Griff. Gott hat uns nicht einen Geist der Furcht gegeben.

M: Oh nein! Jetzt fühle ich mich auch noch schuldig, weil ich Angst habe. Und ich bin wütend. Ich weiß, ich sollte eigentlich dankbar sein, aber ...

P: Ja! Du solltest dankbar sein. Dankbarkeit wird die negativen Gefühle wegwischen. Das erinnert mich daran, als unsere Kirche niedergebrannt ist. Ich habe beschlossen, mich zu freuen, und sofort fühlte ich mich gut.

M: Ich habe es ja versucht, aber ich habe die Angst nicht im Griff. *(Pauls Telefon klingelt.)*

P: *(Beantwortet den Anruf und sagt:)* Ich spreche gerade mit Michael. Er hat es im Moment wirklich schwer, aber ich werde da sein, sobald ich hier wegkomme.

M: Ich merke, du bist beschäftigt, aber was kann ich gegen diese Angst tun?

P: Erinnere dich immer wieder an Römer 8,28. Sei einfach dankbar. Und ich werde die Gemeinde darum bitten, für dich zu beten.

M: Oh bitte, erzähle es nicht allen Leuten!

P: Mach dir keine Sorgen – wir sind doch eine Familie. Es gibt keinen Grund, sich zu schämen. Ich muss los.

M: *(Bleibt niedergeschlagen zurück.)*

EIN GUTER ZUHÖRER

P: Hallo Michael. Ich dachte, ich besuche dich heute mal.

M: Danke! Mir geht's nicht so gut.

P: Möchtest du reden? Lass uns ein ruhiges Plätzchen suchen.

M: Okay.

(Suchen ein ruhiges Plätzchen und setzen sich.)

P: Erzähl mal.

M: Ich bekomme diese schreckliche Szene einfach nicht mehr aus meinem Kopf. Wir sind gerade den Berg hochgefahren, da ist uns ein Auto in vollem Tempo entgegengekommen – auf unserer Straßenseite! Es blieb keine Zeit zum Nachdenken; ich wich einfach aus, kam dabei ins Schleudern und landete kopfüber in einem Graben. Es roch nach Benzin. Meine Frau und meine Tochter waren bewusstlos, beide bluteten. Ich krabbelte aus dem Auto und schaffte es mit letzter Kraft, meine Familie aus dem Auto zu ziehen. Ich hatte solche Angst, das Benzin würde Feuer fangen.

P: Es ist erstaunlich, dass du so klar denken konntest. Hattest du Schmerzen?

M: Ich weiß nicht. Es ist wie ein verschwommener Alptraum. Ich glaube, ich war im Schock.

P: Wie hast du dich gefühlt?

M: Ich habe mir Sorgen um unseren neuen Koffer gemacht. Ich weiß, das klingt verrückt.

P: Das ist gar nicht so verrückt. Vielleicht hat es dich davor bewahrt, den Kopf ganz zu verlieren.

M: Daran habe ich noch gar nicht gedacht.

P: Möchtest du noch mehr erzählen?

M: Zuerst war ich froh, dass ich überlebt hatte, aber jetzt habe ich negative Gedanken und schlechte Gefühle. Ich bin verwirrt. Ich fühle mich so hilflos, ja, ich würde den Fahrer am liebsten umbringen. Ich weiß, er ist schon tot, aber am liebsten würde ich ihm den Hals umdrehen. So darf ich doch nicht denken!

P: Mir würde es vermutlich auch nicht anders gehen.

M: Wirklich? Das zu hören hilft! *(Kurze Pause)* Aber *(kurze Pause)* meine Familie hat überlebt – und ich schaffe es nicht, dankbar zu sein. Ich schlafe auch nicht gut. Mein Kopf sagt mir zwar, dass es okay ist, in einem Auto zu sitzen, aber allein schon der Gedanke daran macht mir

Angst. Ich werde auch grundlos zornig. Dabei sollte ich doch froh sein, dass es meiner Familie langsam besser geht, nicht wahr?

P: Nach dem, was du durchgemacht hast, ist es normal, solche Gedanken und Gefühle zu haben. Was war denn das Schlimmste für dich?

M: Das Schlimmste war, meine Tochter und meine Frau mit ihren schweren Verletzungen zu sehen.

P: Ja, das kann ich mir vorstellen. Du hast ja schon erwähnt, dass du dich so hilflos gefühlt hast.

M: Total. Ich bin ein Mann und konnte nichts tun!

P: Was hat dir denn bis jetzt geholfen, damit fertig zu werden?

M: Meine Familie braucht mich.

P: Ja, sie brauchen dich und sie lieben dich. Und wir haben dich auch lieb.

M: Danke. Ich glaube, es geht mir schon etwas besser. Möchtest du jetzt meine Familie sehen? Ich denke, sie sind inzwischen wach.

P: Ja. Ich würde gern noch für dich beten und dann gehen wir zu ihnen. Und wenn du noch mehr darüber reden möchtest, dann melde dich einfach bei mir, okay?

M: Okay.

ANSPIEL: *FLASCHEN UNTER WASSER*

Wenn es die Zeit erlaubt, machen Sie dieses Anspiel z. B. nach der Übung „Aktiv zuhören lernen", um zu zeigen, was passiert, wenn wir nicht über unseren inneren Schmerz reden.
Suchen Sie dafür einen Platz im Freien. Besorgen Sie ein mit Wasser gefülltes Becken und sechs leere geschlossene Plastikflaschen. Jede Flasche symbolisiert einen Schmerz. Die Teilnehmer stehen um das Becken herum. Während Sie über die unterschiedlichen Schmerzen reden, die Ihnen zugefügt wurden (siehe unten), drücken Sie jeweils eine Flasche tief ins Wasser. Versuchen Sie, alle Flaschen gleichzeitig unter Wasser zu halten. Es kostet viel Kraft – genauso, wie es viel Kraft kostet, den seelischen Schmerz ständig in sich „hineinzufressen". Wenn man ihn rauslässt, erfährt man Erleichterung.

Beispiel zur Durchführung:

Ich möchte Ihnen zeigen, was früher oder später passiert, wenn wir seelische Verletzungen in uns behalten und nicht rauslassen.

> Mein Vater war ein kalter Mann. Er war grob und ständig wütend, er hat mir nie Liebe gezeigt. Aber jetzt bin ich ja erwachsen und muss das vergessen.
> Als wir auf der Flucht waren, sah ich, wie meine Schwester aus dem Boot fiel und im Wasser ertrank. Es war schrecklich, sie schrie um Hilfe, aber ich konnte nichts tun. Nichtsdestotrotz, das Leben geht weiter.
> Seit wir in Deutschland sind, kümmert sich mein Mann nicht mehr um die Familie. Er ist nur noch krank und fängt jetzt auch noch an, viel Alkohol zu trinken. Jetzt muss ich die Starke sein.
> Kürzlich hatte ich eine Fehlgeburt. Der Verlust tut so weh. Aber das ist doch undankbar, ich muss mich doch über die Kinder freuen, die ich habe.
> Die Arbeit wächst mir gerade über den Kopf – überall soll ich helfen. Maria rief an, ich soll ihre Kinder hüten, Paula braucht Begleitung zum Arzt, im Gemeinschaftshaus muss geputzt werden und dazu mein Haushalt und meine Kinder!
> Und jetzt wurde auch noch meine Mutter krank. Sie muss ins Krankenhaus und ich muss sie jeden Tag besuchen. Sonst bin ich ja keine gute Tochter.
> Oh weh, es braucht so viel Energie, das alles mit mir herumzutragen. Ich kann mich nicht mehr konzentrieren – weder beim Lesen in Gottes Wort, noch beim Hören von Predigten, geschweige denn beim Arbeiten. Ich kann nicht mehr, ich brauche jetzt jemanden, der mir zuhört, ich muss reden!

ATEMÜBUNG

Dies ist eine weitere Möglichkeit, zu entspannen, wenn man von starken Gefühlen überwältigt ist.

1. Setzen Sie sich bequem hin.

2. Schließen Sie die Augen oder fixieren Sie Ihren Blick auf einen festen Punkt. Konzentrieren Sie sich ganz auf Ihre Atmung.

3. Atmen Sie langsam ein und aus, füllen Sie die Lunge und lassen Sie die Luft wieder langsam herausströmen. Sprechen Sie sich zu: „Ich fühle die Entspannung, während der Sauerstoff ein- und ausströmt."

4. Stellen Sie sich vor, Sie sind an einem ruhigen Ort; z. B. am Strand, auf einem Berg oder auf einem Baum – alleine oder mit jemandem, dem Sie wichtig sind. Vielleicht denken Sie auch an Jesus, der Ihnen zuspricht: „Ich habe dich unendlich lieb."

5. Konzentrieren Sie sich immer wieder auf Ihren Atem, der ein- und ausströmt, ein und aus.

6. *(Nach fünf Minuten)*: Öffnen Sie die Augen, strecken Sie sich und holen Sie noch ein paar Mal tief Luft.

Man kann auch eine kostenlose App *Atemübung* aufs Smartphone laden und immer dann einsetzen, wenn man sich beruhigen will. (Beispielsweise *Fokus Vital – Institut für Gesundheitsmanagement*).

Um Zeit zu sparen

Wie sich traumatisierte Menschen verhalten, kann während der Diskussionsrunde über die Geschichte eingebracht werden. Ergänzen Sie bereits in diesem Gespräch, was von Abschnitt 2B noch nicht erwähnt wurde, und lassen Sie 2B dann weg.

LEKTION 3

WAS GESCHIEHT, WENN WIR TRAUERN?

Für diese Lektion sollten Sie 2 Stunden einplanen.

LERNZIELE

Am Ende der Lektion sollten die Teilnehmer Folgendes können:

- Den Trauerprozess im eigenen Leben und im Leben anderer verstehen und akzeptieren
- Auf die einzelnen Etappen des Trauerprozesses angemessen reagieren
- Anderen Menschen helfen, auf gute Art und Weise zu trauern
- Ihren Schmerz durch Klagen vor Gott ausdrücken

Abschnitte	Unterpunkte
1. Geschichte: Neuigkeiten von zu Hause **(15 min)**	**GG:** Geschichte laut lesen. **(5 min)**
	KG: Fragen für die Diskussionsrunde: • Was hat Gabriel erlebt? • Haben Sie sich schon einmal wie Gabriel gefühlt? **(5 min)**
	GG: Rückmeldungen **(5 min)**
2. Was heißt trauern? **(10 min)**	**GG:** Trauern hängt mit Verlust zusammen. Fragen Sie: „Über welche Verluste trauern wir?" Erklären Sie, was der Unterschied zwischen Trauer und Trauma ist: Ein Trauma geht immer mit Trauer einher, weil es mit einem Verlust verbunden ist. Aber wir können Trauer erleben, ohne traumatisiert zu sein (z. B. bei dem langsamen Tod eines alten Elternteils). Nicht jeder seelische Schmerz ist ein Trauma und nicht jedes problematische Verhalten ist das Resultat eines Traumas. **(5 min)** **GG:** Fragen Sie: „Welche Verluste oder welche Situationen rund um den Verlust erschweren das Trauern?" **(5 min)**

3. Wie sieht ein gesunder Trauerprozess aus? **(35 min)**	**GG:** Das Anspiel *Der Weg der Trauer* spielen (Abschnitte 3A–3E). Anspiel und Anweisungen dazu siehe unten. **(20 min)**
	Zu zweit: • Denken Sie an einen persönlichen Verlust, den Sie erlebt haben. Wie würden Sie ihn beschreiben? Welche Gefühle hatten Sie? Versuchen Sie, diese Gefühle zu beschreiben. • Sind Sie nach dem Verlust durch alle Orte gegangen und dann im Ort 3 (Neuanfang) angekommen? Haben Sie das Gefühl, dass Sie irgendwo stecken geblieben sind? Haben Sie irgendwann Ort 1 oder 2 erneut besucht? • Haben Sie die falsche Brücke gewählt? Erklären Sie. **(10 min)**
	GG: Rückmeldungen **(5 min)**
4. Wie können wir Trauernden helfen? **(60 min)**	**A: GG:** Zusammenfassung von Hiobs Geschichte vorlesen. GG: Austausch: Was war hilfreich an dem, was Hiobs Freunde sagten oder taten? Was war nicht hilfreich? **(5 min)**
	B: KG: Austausch: Was hat Ihnen bei der Trauer um einen geliebten Menschen geholfen? **(10 min)**
	GG: Rückmeldungen zu emotionalen und praktischen Hilfen sammeln und ergänzen, was aus der Liste noch nicht erwähnt wurde. **(10 min)**
	C: Ins Thema Klagepsalmen einführen und Bausteine eines Klagepsalms erklären. Klarstellen, dass der einzige Baustein, der in einem Klagepsalm nicht fehlen darf, die Klage ist. Bausteine von Psalm 13 bestimmen und in die Tabelle eintragen. Ergebnisse vergleichen. **(10 min)** **Übung:** Einen Klagepsalm schreiben. Währenddessen eventuell leise instrumentale Musik im Hintergrund abspielen. **(20 min)** In KG oder GG ein paar Psalmen vorlesen (fakultativ). **(5 min)**

ANSPIEL:
DER WEG DER TRAUER

Vor der Lektion: Bitten Sie zwei Teilnehmer, die Szene „Die falsche Brücke" vorzubereiten (siehe unten).Teilen Sie den Rest der Gruppe in vier kleine Gruppen auf (durchzählen von 1 bis 4).

Die Gruppen stehen zusammen, einer aus jeder Gruppe erhält ein Schild mit dem Ortsnamen seiner Gruppe. Ort 1: Leugnen und Wut; Ort 2: Hoffnungslosigkeit; Ort 3: Neuanfang. (Alternativ: Bei einer großen Gruppe, werden nur drei Personen gebeten, eine Ortschaft darzustellen, und 4 Freiwillige gehen von einem Ort zum anderen).

Gruppe 4 überlegt sich eine Krise, die sie gemeinsam erlebt hat (z. B. den Verlust eines geliebten Menschen durch einen Autounfall).

Gehen Sie mit Gruppe 4 von Ort 1 zu Ort 2 und schließlich zu Ort 3. Fragen Sie in jedem Ort, wie man sich in dem jeweiligen Stadium des Trauerprozesses fühlt. Ergänzen Sie aus den untenstehenden Listen, was nicht erwähnt wurde, und erklären Sie, dass das Verhalten in den jeweiligen Ortschaften normal ist.

Wenn Gruppe 4 von einer Ortschaft zur anderen weitergeht, bleibt eine Person an jedem Ort stecken. Eine andere kehrt von Ort 2 zurück zu Ort 1 (oder von Ort 3 zu Ort 2). Die steckengebliebene und die zurückgekehrte Person bleiben eine Weile im Ort 1 oder 2 und gesellen sich dann wieder zu Gruppe 4.

Einleitung:

Trauern braucht Zeit und Kraft. Es ist wie eine Reise, die uns durch verschiedene Ortschaften und schließlich zur Heilung führt. Wir wollen uns jetzt gemeinsam auf diese Trauerreise begeben und überlegen, wie es einem Trauernden im jeweiligen Ort geht.

Gruppe 4 geht zu Ort 1 und fragt: „Wie fühlt ihr euch? Welche Gedanken habt ihr?" Gruppe 4 antwortet, der Leiter ergänzt.

Ort 1: Leugnen und Wut

- Man ist wie betäubt.
- Man nimmt nicht wahr, was um einen herum geschieht.
- Man kann nicht glauben bzw. man weigert sich zu glauben, dass das Geschehene wirklich passiert ist oder dass der geliebte Mensch wirklich tot ist. Oft sieht oder hört man ihn im Traum.
- Man beginnt plötzlich zu weinen oder bekommt einen Wutanfall.

- Man kann auf Gott oder den Verstorbenen wütend sein, weil man sich allein gelassen fühlt.
- Man kann in Selbstvorwürfe verfallen: „Hätte ich doch dies oder jenes getan, dann wäre es nicht dazu gekommen."
- Man fragt sich: „Warum ist das ausgerechnet mir passiert?"
- Vielleicht sucht man einen Schuldigen.
- Vielleicht ist man versucht, sich zu rächen. Dadurch können zusätzlich Konflikte und Beziehungsprobleme entstehen, die den Schmerz noch verstärken.

Unmittelbar nach dem Erleben von Verlust sind Leugnen und Wut normal und können sogar in gewisser Hinsicht hilfreich sein. Leugnen schiebt die Wucht des Traumas von uns weg und bewahrt uns davor, völlig überwältigt zu werden. Erst nach und nach nehmen wir den Verlust an. Wut kann ein Weg sein, den Verlust und die Hilflosigkeit zu verarbeiten. Sie kann uns Kraft geben und uns davor bewahren, völlig fassungslos zu werden.

Diese Phase (Ort 1) kann einen Monat oder auch länger andauern. Sie beginnt meist direkt nach der Krise, kann aber auch erst später einsetzen, z. B., wenn Freunde kommen, um Trost zu spenden.

Gruppe 4 geht weiter zu Ort 2 und fragt: „Wie fühlt ihr euch? Welche Gedanken habt ihr?" Die Gruppe antwortet, der Leiter ergänzt.

Einer bleibt in Ort 1 stecken, ein anderer kommt nach einer Weile von Ort 2 zurück zu Ort 1. Nach und nach gesellen sich die beiden wieder zu Gruppe 4.

Ort 2: Hoffnungslosigkeit

- Man ist traurig und hat keine Hoffnung mehr.
- Der Blick für die Zukunft ist völlig verhüllt.
- Man bekommt sein Leben nur schwer geregelt.
- Man erwartet immer noch, dass die verstorbene Person zurückkommt.
- Man fühlt sich einsam und vernachlässigt.

- Man will den Schmerz vielleicht mit Alkohol oder Drogen betäuben.
- Manche verlieren die Lust am Leben und möchten am liebsten tot sein, damit sie in der Nähe des Verstorbenen sind.
- Möglicherweise spielt man sogar mit dem Gedanken, sich das Leben zu nehmen.
- Manche fühlen sich grundlos schuldig und denken, sie hätten den Tod des geliebten Menschen verhindern können.
- Die Gedanken von Ort 1 können den Trauernden immer noch beschäftigen.

Dies ist der dunkelste Ort im Trauerprozess. Man erwartet nichts Gutes mehr.

In dieser Phase (Ort 2) bleibt man meistens 6 bis 15 Monate lang. Wenn man seinen Verlust langsam aber sicher akzeptiert und ihn ausreichend betrauert, kommt man schließlich zum nächsten Ort.

Gruppe 4 geht weiter zu Ort 3 und fragt: „Wie fühlt ihr euch? Welche Gedanken habt ihr?" Die Gruppe antwortet, der Leiter ergänzt.
Einer bleibt in Ort 2 stecken, ein anderer kommt nach einer Weile von Ort 3 zurück zu Ort 2.

Ort 3: Neuanfang

- Man ist in der Lage, über etwas Neues nachzudenken.
- Man akzeptiert seine neue Situation und seine neue Identität.
- Man kann mit Freunden ausgehen und wieder Spaß haben.
- Wenn jemand seinen Ehepartner verloren hat, denkt er vielleicht daran, wieder zu heiraten.
- Wer ein Kind verloren hat, möchte vielleicht wieder ein Baby haben.
- Man hat sich durch den erlebten Verlust verändert. Wenn man die drei Phasen mit all ihren Tiefen gut durchlaufen hat, geht man mit gestärkter Persönlichkeit aus dem Leid hervor. Meistens ist man dann in der Lage, andere Menschen besser zu verstehen und denen zu helfen, die sich in einer ähnlichen Situation befinden.

Was jetzt „normal" ist, ist anders als das, was vor dem Verlust „normal“ war; eine neue „Normalität“ ist entstanden. Oft hat man ein neues Empfinden für das, was im Leben wirklich zählt, und man ist einfühlsamer geworden.

Erklären Sie:

Es ist ganz normal, dass man immer wieder Schritte zurückgeht und für kurze Zeit frühere Orte besucht. Die Trauerreise ist meistens kein Weg, der nur nach vorn führt.

Wer sich in Ort 2 befindet, kann durchaus Tage erleben, an denen er sehr wütend ist und wieder alle Gefühle von Ort 1 erlebt. Manchmal beginnt man sogar in Ort 2 und gelangt dann erst zu Ort 1. Vielleicht glaubt man auch, dass man kurz vor dem Neuanfang steht, fällt aber wieder zurück in die Hoffnungslosigkeit von Ort 2. Das kann z. B. am Jahrestag des Verlustes eintreten. Dieser Zustand kann einige Tage andauern, das ist völlig normal. In der Regel nähert man sich aber allmählich dem Neuanfang von Ort 3.

Es ist natürlich nicht gut, wenn man sich zu lange in Ort 1 oder 2 aufhält. Dies ist beispielsweise in den folgenden Situationen der Fall:

- Jemand kann ein paar Monate nach dem Tod seines Partners immer noch nicht seinen täglichen Pflichten nachkommen oder will sich das Leben nehmen. In diesem Fall sollte man einen Arzt aufsuchen, denn neben der Trauer könnte eine Depression vorliegen.
- Jemand glaubt nach einem Jahr immer noch, er könne seinen Partner hören oder sehen.
- Die Mutter eines verstorbenen Kindes bewahrt dessen Kleider auf und kann sie auch nach Jahren noch nicht weggeben.
- Jemand will zwei Jahre nach dem Tod seines Partners noch immer nichts mit Freunden unternehmen.

Diese Menschen befinden sich zu lange in Ort 1 oder 2 und brauchen daher zusätzliche Hilfe, um weiterzukommen.

Die falsche Brücke

Die zwei vorher bestimmten Teilnehmer stellen die Szene „die falsche Brücke“ dar. Einer der beiden denkt sich eine Krise aus (eine neue oder dieselbe wie oben, ein paar Tage danach). Der Betroffene klagt dem anderen seine Not. Der Helfer berät den Trauernden und sagt:

„Komm, als Gläubige dürfen wir nicht traurig sein und schon gar nicht wütend. Wir haben doch Hoffnung durch unseren Glauben! Nur Ungläubige sind hoffnungslos. Als Gläubige müssen wir nicht durch Ort 1 oder 2 gehen. Gott macht uns doch stark. Glaube an Seine Versprechen, freu dich, lenke dich ab durch Arbeit, bete und geh direkt zum Neuanfang …!"

Der Trauernde fühlt sich hin- und hergerissen zwischen seinen Gefühlen und der Beratung, geht aber letztendlich mit dem falschen Berater direkt von der Krise in Richtung Ort 3. Unterwegs verliert er die Kraft und fällt hin.

Erklären Sie:

Das Problem mit der falschen Brücke ist, dass sie nicht trägt. Trauer und Schmerz zu verdrängen, bringt keine Heilung. Gott hat uns so geschaffen, dass wir unsere Verluste betrauern müssen. Beispiel von Josef und weitere Erklärungen im Arbeitsbuch, einschließlich Austausch zu zweit (siehe Abschnitt 3).

LEKTION 4

SEELISCHE VERLETZUNGEN BEI KINDERN

Für diese Lektion bauchen Sie unter Umständen mehr als 90 Minuten.

Denken Sie daran, dass es in dieser Lektion um den Umgang mit traumatisierten Kindern geht und nicht um den gewöhnlichen Umgang mit Kindern.

LERNZIELE

Am Ende der Lektion sollten die Teilnehmer Folgendes können:

- Erkennen, wann auffälliges Verhalten bei Kindern auf traumatische Erlebnisse zurückzuführen ist

- Kindern helfen, ihren Schmerz durch Reden, Spielen oder Gestalten auszudrücken
- Auf Kinder eingehen, wie es das Wort Gottes sagt, und gegebenenfalls die kulturelle Art, mit Kindern umzugehen, infrage stellen

Abschnitte	Unterpunkte
1. Geschichte: Jakobs Geheimnis **(20 min)**	**GG:** Geschichte laut lesen. **(5 min)**
	KG: Fragen für die Diskussionsrunde: • Wie verhielt sich Jakob? • Warum hatte Jakob so viele Probleme? • Wie verhalten sich Erwachsene in **Ihrem** Umfeld gegenüber Kindern wie Jakob? Denken Sie, dass dieses Verhalten hilfreich ist? **(7 min)**
	GG: Ein paar Rückmeldungen zu jeder Frage. **(8 min)**
2. Wie verhalten sich Kinder, die etwas Schlimmes erlebt haben? **(25 min)**	**KG:** In drei Gruppen aufteilen (A, B und C) und sich über die Frage austauschen: • Kennen Sie Kinder, die etwas Schlimmes erlebt haben? Wie verhalten sie sich? Anschließend notiert jede Gruppe auf Flipchart-Papier Antworten auf eine der drei Fragen: • Was sind die Auswirkungen von schlimmen Erlebnissen **A - auf die Gefühle, B - auf den Körper, C - auf das Verhalten?** Ziehen Sie Rückschlüsse aus Jakobs Verhalten in der Geschichte. Bei den Auswirkungen auf Gefühle, Körper und Verhalten darf es Überschneidungen geben. **(10 min)**
	GG: Rückmeldungen von jeder Gruppe sammeln und fehlende Punkte aus den Abschnitten 2A bis 2C ergänzen. Dazu unten eine Anregung. **(15 min)**
3. Wie können wir Kindern helfen, die etwas Schlimmes erlebt haben? **(40 min)**	**KG:** Austausch: Was hat Kindern in Ihrem Umfeld geholfen, nachdem sie etwas Schlimmes erlebt hatten? Was haben Sie beobachtet? **(5 min)**
	GG: Rückmeldungen sammeln und ergänzen, was von den Abschnitten 3A bis 3D nicht erwähnt wurde. Zu A: Falls häusliche Gewalt ausgeübt wurde, ist es unter Umständen nicht ratsam, die Familie wieder zusammenzubringen. **(10 min)**

	KG: Austausch über die ersten beiden Fragen im Arbeitsbuch: • Hören in Ihrer Kultur Eltern ihren Kindern zu? Reden sie mit ihnen? Falls nein, warum nicht? • Lesen Sie dazu Markusevangelium 10,13–16 und 5. Mose 6,4–9. Was sagen uns diese Abschnitte darüber, wie wir mit Kindern umgehen sollen? **(10 min)**
	GG: Rückmeldungen **(5 min)**
	GG: Abschnitt E: Fragen: Welche speziellen Bedürfnisse haben Jugendliche? Ergänzen, was von Abschnitt E nicht erwähnt wurde. **(5 min)**
	GG: Abschnitt F: Lehrer und Schulverwaltung müssen verstehen, was passiert ist. Es ist wichtig, mit ihnen im Gespräch zu sein. **(5 min)**
	Abschnitt G: Schwere Fälle. Diese Punkte kurz erwähnen.
4. Wie können wir Kindersoldaten helfen?	Über dieses Thema reden, wenn es relevant ist. Dafür einen anderen Abschnitt kürzen.
Abschließender Austausch und Gebet in KG **(5min)**	• Gibt es Kinder in Ihrem Umfeld, die besondere Hilfe brauchen? Was sollte für sie getan werden? • Beten Sie gemeinsam für diese Kinder. **(5 min)**

ANREGUNG

Zu den Rückmeldungen in Abschnitt 2 zeichnen Sie die Umrisse eines Körpers auf ein Flipchart-Papier (oder an die Tafel). Während jede Gruppe ihre Rückmeldungen gibt, notieren Sie

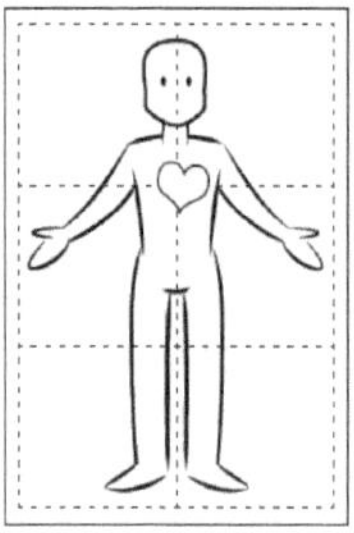

- im Körper die physischen Auswirkungen
- außerhalb des Körpers die Auswirkungen auf das Verhalten
- im Herz die Auswirkung eines traumatischen Erlebnisses auf die Gefühle

Um Zeit zu sparen

Den Abschnitt 4 über Kindersoldaten weglassen, es sei denn, es handelt sich um ein regionales Problem.

LEKTION 5

SEXUELLE GEWALT

Wenn möglich, finden Sie vor der Lektion heraus, wo es in der Nähe medizinische und juristische Hilfe für Opfer sexueller Gewalt gibt.

LERNZIELE

Am Ende der Lektion sollten die Teilnehmer Folgendes können:

- Erklären, wie sich sexuelle Gewalt auf ein Opfer und seine Familie auswirkt
- Opfern von sexueller Gewalt helfen, von ihrem Trauma heil zu werden
- Gemeinschaften helfen, die Kinder von Opfern sexueller Gewalt zu akzeptieren und zu fördern

Abschnitte	Unterpunkte
1. Geschichte: Esthers Geheimnis **(20 min)**	**GG:** Geschichte laut lesen. **(5 min)**
	KG: Fragen für die Diskussionsrunde (jede KG beantwortet entweder die erste oder die zweite und dritte Frage): • Welche Auswirkung hatte die sexuelle Gewalttat auf Esther? Welche Auswirkung hatte sie auf Gabriel? • Warum hat Esther Gabriel nichts von der sexuellen Gewalttat erzählt? • Wann begann für Esther der Heilungsprozess? **(7 min)**
	GG: Einige Rückmeldungen **(8 min)**
2. Was ist sexuelle Gewalt? **(5 min)**	**GG:** Die Gruppe bitten, sexuelle Gewalt zu definieren. Gegebenenfalls Definition vorlesen. **GG:** Austausch: • Wer trägt die Konsequenzen einer sexuellen Gewalttat? • Wer ist verantwortlich für eine sexuelle Gewalttat? • Warum, denken Sie, finden sexuelle Gewalttaten statt? **(5 min)**

3. Welche Auswirkungen hat das Erleben sexueller Gewalt? **(38 min)**	Den einleitenden Paragrafen sinngemäß wiedergeben. **A: KG:** Austausch über das Opfer. Jede Gruppe beschäftigt sich mit einer der folgenden Fragen oder mit beiden: • Wie wirkt sich das Erleben sexueller Gewalt auf Frauen oder Mädchen aus? • Wie wirkt sich das Erleben sexueller Gewalt auf Männer oder Jungen aus? **(7 min)**
	GG: Rückmeldungen auf Flipchart/Tafel notieren und fehlende Punkte aus den Listen unter 3A ergänzen. **(14 min)**
	B: KG: Austausch über die Angehörigen des Opfers. Jede Gruppe beschäftigt sich mit einer der folgenden Fragen oder mit beiden: • Wie wirkt sich das Erleben sexueller Gewalt auf die Ehe aus? • Wie wirkt sich das Erleben sexueller Gewalt auf die Familie aus? **(6 min)**
	GG: Rückmeldungen sammeln und fehlende Punkte aus der Liste unter 3B ergänzen. **(11 min)**
4. Wie können wir jemandem helfen, der Opfer sexueller Gewalt wurde? **(12 min)**	**A:** Medizinische und juristische Hilfe. Den Abschnitt sinngemäß wiedergeben. **(2 min)**
	B: Dem Opfer helfen, innerlich heil zu werden. **GG:** Austausch: Was können wir tun, um den Heilungsprozess von Opfern zu fördern? Antworten auf Flipchart/Tafel notieren und ergänzen, was nicht erwähnt wurde.[1] **(10 min)**
5. Wie können wir dem Täter helfen, innerlich heil zu werden? **(10 min)**	**GG:** Austausch: Was können wir tun, um den Heilungsprozess von Tätern zu fördern? Antworten auf Flipchart/Tafel notieren und ergänzen, was nicht erwähnt wurde. **(10 min)**
	Falls die Zeit reicht: **KG:** Austausch: Was könnten wir praktisch tun, um gefährdete Personen vor Missbrauch zu schützen? **GG:** Antworten zusammentragen.
6. Was ist mit Kindern, die bei einer sexuellen Gewalttat gezeugt wurden? **(5 min)**	**GG:** Austausch: Gibt es in Ihrem Umfeld Kinder, die gehänselt oder abgelehnt werden, weil sie bei einer sexuellen Gewalttat gezeugt wurden? Falls ja, was können Sie tun, um ihnen zu helfen? **(2 min)** Aus den Abschnitten 6A und 6B ergänzen, was noch nicht erwähnt wurde. **(3 min)**

1) Hotlines und andere Beratungsangebote in Deutschland, Österreich und der Schweiz finden Sie auf den Seiten 102–103.

ANREGUNG, WENN DIE ZEIT REICHT

Die Teilnehmer gestalten ein Radioprogramm zu Abschnitt 4 *Wie können wir jemandem helfen, der Opfer sexueller Gewalt wurde?*
Geben Sie jeder Tischgruppe/Kleingruppe einen anderen Teilabschnitt aus Abschnitt 4. Jede Gruppe liest ihren Abschnitt und erfindet ein zweiminütiges Hörspiel dazu. Anschließend präsentieren die Gruppen der Reihenfolge nach ihr Werk. Beachten Sie die Zeit!

Um Zeit zu sparen

- Wenn die Teilnehmer engagiert mitmachen und untereinander kommunizieren, kann man sich über die Fragen zur Geschichte auch nur in der GG austauschen und dann weitermachen.
- Diskussion in KG in Abschnitt 5 unten weglassen.
- Abschnitt 6 weglassen.

LEKTION 6A

HÄUSLICHE GEWALT

Unter Umständen werden für diese Lektion mehr als 90 Minuten benötigt. Das Thema löst oft heftige Gefühle und Diskussionen aus.

Wenn möglich, planen Sie mehr Zeit dafür ein.

LERNZIELE

Am Ende der Lektion sollten die Teilnehmer Folgendes können:

- Häusliche Gewalt definieren und beschreiben
- Kulturell geprägte Ansichten über Familienbeziehungen neu und im Licht des Wortes Gottes überdenken

- Menschen helfen, die häuslicher Gewalt ausgesetzt sind
- Täterinnen und Tätern helfen, ihr falsches Verhalten zu erkennen und zu ändern

Abschnitte	Unterpunkte
1. Geschichte: Jonathan und Deborah **(15 min)**	**GG:** Geschichte laut lesen. **(5 min)**
	KG: Fragen für die Diskussionsrunde (die Tischgruppen unterhalten sich über unterschiedliche Fragen): • Warum hat Jonathan Deborah misshandelt? • Wie hat sich die Misshandlung auf Deborah ausgewirkt? • Welche Hilfe hat Deborah erhalten? • Welche Hilfe hat Jonathan erhalten? • Ist häusliche Gewalt in Ihrem Umfeld weit verbreitet? **(5 min)**
	GG: Rückmeldungen **(5 min)**
2. Wie sollen wir das Miteinander in der Familie gestalten? **(17 min)**	**KG:** Austausch: Was denkt man in Ihrer Gesellschaft: • Wie sollen Familienmitglieder miteinander umgehen, darf bzw. soll man Gewalt anwenden? • Gibt es Sprichwörter oder Redensarten darüber? Zum Beispiel: „Wer seine Frau nicht schlägt, dem tanzt sie auf der Nase herum.“ Folgende Abschnitte lesen, um herauszufinden, was das Wort Gottes über das Miteinander in der Familie sagt. Jeder Gruppe einen Abschnitt zum Austauschen geben: 1. Petrus 3,7; 1. Mose 1,26–27; 1. Korinther 13,4–7; Kolosser 3,19. **(5 min)**
	GG: Rückmeldungen **(12 min)**
3. Was ist häusliche Gewalt? **(15 min)**	**GG:** Diesen Abschnitt durchnehmen. **(5 min)**
	GG: Übung: *Richtig oder Falsch?* Den Anleitungen im Arbeitsbuch folgen. Antworten besprechen. Sie stehen am Ende der Lektion im Arbeitsbuch auf den Seiten 79–80. **(10 min)**

4. Warum hört häusliche Gewalt nicht von selbst auf? **(15 min)**	**KG:** Austausch. Die Hälfte der Gruppe beschäftigt sich mit der ersten Frage, die andere Hälfte mit der zweiten: • Warum misshandeln Menschen ihre Familienmitglieder? Fassen Sie die bereits erwähnten Gründe zusammen und fügen Sie weitere hinzu. • Warum bleiben Menschen oft trotz der Misshandlungen in einer Beziehung? Fassen Sie die bereits erwähnten Gründe zusammen und fügen Sie weitere hinzu. **(7 min)**
	GG: Rückmeldungen sammeln und fehlende Punkte ergänzen. **(8 min)**
5. Wie können wir helfen? **(24 min)**	**A: KG:** Austausch bezüglich der Opfer: Wie kann man Opfern von häuslicher Gewalt helfen? Falls Sie selbst schon Opfer von häuslicher Gewalt waren, was hat Ihnen geholfen? **(5 min)**
	GG: Rückmeldungen sammeln und ergänzen, was noch nicht erwähnt wurde. **(10 min)**
	B: GG: Austausch bezüglich der Täter: Wie können wir den Tätern helfen? (Beratungsangebot siehe Seite 102–103) **(5 min)**
	C: GG: Austausch: Woran können wir erkennen, dass der Kreislauf der Misshandlungen durchbrochen ist? Zusammentragen und ergänzen. **(4 min)**
6. Wie können wir Kindern helfen, die häusliche Gewalt erleben? **(4 min)**	**GG:** Zusammentragen und ergänzen. **(4 min)**
Abschließende Übung	**KG:** Durchführen, wenn mehr als 90 Minuten zur Verfügung stehen.

Um Zeit zu sparen

Abschnitt 4 weglassen, wenn diese Themen schon beim Gespräch über die Geschichte behandelt wurden.

LEKTION 6B

SELBSTTÖTUNG

LERNZIELE

Am Ende der Lektion sollten die Teilnehmer Folgendes können:

- Die Ursachen von Selbsttötung und die Auswirkungen auf alle Beteiligten verstehen
- Beispiele von Menschen aus Gottes Wort nennen, die Selbsttötung in Betracht gezogen haben, und beschreiben, wie sie sich verhalten haben
- Die Art, wie man in ihrer Kultur Selbsttötung versteht und wie man darauf reagiert, vergleichen mit dem, was das Wort Gottes und die Psychologie dazu sagen
- Beurteilen, wie ernsthaft ein Mensch sich mit dem Gedanken trägt, sich das Leben zu nehmen
- Einem Menschen, der sich das Leben nehmen will, auf einfühlsame und hilfreiche Art und Weise begegnen
- Den Familienangehörigen von Menschen, die sich das Leben genommen haben, helfen, Heilung von dieser traumatischen Erfahrung zu finden

Abschnitte	Unterpunkte
1. Geschichte: Gerade noch rechtzeitig **(17 min)**	Geschichte laut lesen. **(5 min)**
	KG: Fragen für die Diskussionsrunde: • Welche Auswirkungen hatte Bernos Selbsttötung auf seine Frau Alice? • Wie hat Maria Alice geholfen? • Warum wollte Gabriel sich das Leben nehmen? • Wie hat Paul Gabriel geholfen? **(7 min)**
	GG: Rückmeldungen **(5 min)**

2. Was ist Selbsttötung? **(8 min)**	Definition geben. **(3 min)** **GG:** Austauschen und ergänzen: Warum nehmen sich Menschen das Leben? **(5 min)**
3. Verzweifelte Menschen in der Heiligen Schrift **(15 min)**	**KG:** Jede Gruppe erhält einen der folgenden Abschnitte aus dem Wort Gottes und beantwortet die Fragen: • Was hat die betreffende Person gemacht? • Wie hat sie sich wohl gefühlt? • König Saul und sein Waffenträger: 1. Samuel 31,1-5 • Ahitofel: 2. Samuel 17,1-7.14.23 • der Prophet Elia: 1. Könige 19,1-4 • Hiob: Hiob 3,11-14 • der Prophet Jona: Jona 4,1-3 • der Gefängniswärter: Apostelgeschichte 16,25-28 **(5 min)**
	GG: Rückmeldungen **(10 min)**
4. Warnsignale **(15 min)**	Das Anspiel unten vorspielen (lassen). **(10 min)** **KG:** Austauschen und ergänzen: Haben Sie schon einmal Warnsignale bei Menschen beobachtet, die mit dem Gedanken an Selbsttötung spielten? **(5 min)**
5. Wie können wir Menschen helfen, die sich das Leben nehmen wollen? **(13 min)**	**KG:** Austausch. Ein paar Gruppen beschäftigen sich mit der ersten Frage, ein paar mit der zweiten: • Wenn in Ihrer Gemeinschaft jemand an Selbsttötung denkt, wird dann versucht ihm zu helfen? Wenn ja wie? Sind diese Ansätze hilfreich? • Wie können wir Menschen helfen, die sich das Leben nehmen wollen? **(5 min)**
	GG: Rückmeldungen sammeln und fehlende Punkte ergänzen. Dem lebensmüden Menschen helfen, eine Telefon-Hotline oder andere Hilfsdienste zu finden.[1] **(8 min)**
6. Wie kann man Menschen helfen, die einen Angehörigen durch Selbsttötung verloren haben? **(12 min)**	**Einleitung:** Wie sich Angehörige möglicherweise fühlen. **(2 min)** **KG:** Austausch: Ein paar Gruppen beschäftigen sich mit der ersten Frage, ein paar mit der zweiten: • Versucht man in Ihrer Gemeinschaft den Angehörigen zu helfen, wenn sich jemand das Leben genommen hat? Sind diese Versuche hilfreich oder nicht? • Wie können wir den Angehörigen eines Menschen helfen, der sich selbst das Leben genommen hat? **(5 min)**
	GG: Rückmeldungen sammeln und fehlende Punkte ergänzen. **(5 min)**

Abschließende Diskussion **(10 min)**	**KG:** Klagelieder 3,19-23 und Psalm 71,1-3 lesen und austauschen über die Frage: Wie können diese Verse jemanden trösten, der Selbsttötung erwägt, oder jemanden, der einen geliebten Menschen durch Selbsttötung verloren hat? **(10 min)**

1) Hotlines und andere Beratungsangebote in Deutschland, Österreich und der Schweiz finden Sie auf den Seiten 102–103.

ANSPIEL: *DAS RISIKO EINER GEPLANTEN SELBSTTÖTUNG ABSCHÄTZEN*

Führen Sie dieses Anspiel als Teil von Abschnitt 4 „Warnsignale" durch. Passen Sie es an, wo nötig.

- Wählen Sie einen für die Kultur der Teilnehmer üblichen Anlass, sich das Leben zu nehmen. Das ist wichtig, damit sie sich mit der Situation identifizieren können. Beispiele: eine Studentin wurde ungewollt schwanger; ein Teenager hat eine wichtige Prüfung nicht bestanden und kann seine Berufsausbildung nicht abschließen; jemand erlebt häusliche Gewalt; eine Frau hat einen sexuellen Übergriff von ihrem Nachbarn erlebt; ein Schüler wird in der Schule gemobbt; ein Ehemann hat seine Arbeit verloren; eine Frau hat ihren Mann und ihre Kinder verloren; der Partner hat Schluss gemacht; jemand leidet unter Depressionen oder hat eine andere psychische Erkrankung; jemand erlebt Folter oder Verfolgung.
- Reden Sie im Anspiel so über Selbsttötung, wie es in der Kultur der Teilnehmer üblich ist. Wenn man direkte Fragen stellen kann wie: „Hast du schon mal mit dem Gedanken gespielt, dir das Leben zu nehmen?", machen Sie es auch so im Anspiel. Wenn man besser keine direkten Fragen stellt, fragen Sie: „Hast du alle Hoffnung verloren?"

EINFÜHRUNG

Johanna ist Schülerin in einem Internat. Plötzlich bekommt sie Schwierigkeiten in der Schule. Sie fängt an, Stunden zu schwänzen und auf ihrem Zimmer zu bleiben. Wenn sie zu den Mahlzeiten kommt, lässt sie ihren Teller halbvoll stehen und spricht mit niemandem. Nach einer Woche besucht ihre Freundin Paula sie in ihrem Zimmer. **(P = Paula; J = Johanna)**

Schlechte Beratung

P: *(Klopft an die Tür und tritt ein.)* Hallo Johanna. Ich wollte mal schauen, warum du in letzter Zeit so schweigsam bist. So schlimm kann es doch nicht sein, oder?

J: Doch, es ist wirklich schlimm *(seufzt)*.

P: Ach so. Und was willst du jetzt machen mit deinem Problem?

J: *(Zuckt die Schulter, schlägt die Augen nieder.)* Ich weiß es nicht.

P: Du kannst doch nicht die ganze Zeit hier im Zimmer sitzen bleiben! So handelst du dir nur schlechte Noten ein.

J: Die habe ich schon; ich kann mich einfach nicht mehr konzentrieren.

P: Oh, ich kann dir beim Lernen helfen! Womit sollen wir beginnen?

J: *(Sitzt im Sessel und wendet sich von Paula ab.)* Ich weiß nicht, ich fühle mich einfach nur elend.

P: Du brauchst doch nur jemanden, der dir beim Lernen hilft. Komm, wir gehen jetzt zum Essen und dann arbeiten wir zusammen.

J: *(Sackt noch mehr zusammen.)* Nein, es hat keinen Sinn mehr, es ist nur vergeudete Zeit. Ich möchte am liebsten alles aufgeben.

P: *(Etwas aufgebracht, stemmt die Hände in die Hüfte und steht auf.)* So kannst du nicht reden, Johanna. Wir haben einen Gott, der für uns sorgt und uns liebt. Auf ihn müssen wir hoffen, sonst wird unser Glaube schwach und kraftlos. Ich möchte für dich beten.

J: *(Kann nicht verhindern, dass Paula ihre Hände erfasst, um zu beten.)* Okay. Allerdings glaube ich nicht, dass das hilft. Ich habe ja immer wieder gebetet, aber danach ging es mir nur noch schlechter. Ich habe überhaupt keine Hoffnung mehr.

P: *(Betet.)* Lieber Gott, zeige Johanna, dass du für sie sorgst. Mach, dass sie sich besser fühlt und dass sie sich bald wieder ihren Schulaufgaben widmet. Amen. Fühlst du dich jetzt besser?

J: *(Zuckt mit den Schultern.)* Ich weiß nicht.

P: *(Steht auf und will gehen.)* Morgen, wenn du ausgeschlafen hast, fühlst du dich garantiert besser. Bis morgen in der Schule.

J: *(Blickt nicht auf.)* Tschüss.

Gute Beratung

P: *(Klopft an die Türe und tritt ein.)* Hallo Johanna! Ich wollte mal schauen, warum du in letzter Zeit so schweigsam bist und so viel Zeit alleine in deinem Zimmer verbringst. Stimmt etwas nicht?

J: *(Seufzt, blickt zögernd auf.)* Ich fühle mich einfach nicht gut.

P: *(Setzt sich und schaut Johanna an.)* Was ist passiert?

J: *(Senkt den Blick.)* Hm, ich weiß nicht, was ich sagen soll.

P: Das ist okay. Fang einfach mit dem an, was dir gerade in den Sinn kommt. Ich mache mir echt Sorgen um dich.

J: Danke. Aber ich denke, es wird schon wieder werden.

P: Da bin ich mir nicht so sicher. Du bist plötzlich so verschlossen und schwänzt die Schule. So bist du doch sonst nicht. Sag mir doch, was los ist.

J: Es fällt mir so schwer, darüber zu reden.

P: Wie hat denn alles angefangen?

J: *(Blickt ganz kurz auf.)* Erinnerst du dich an Daniel?

P: Ja, der ist doch mit anderen Jungs vom Jungen-Internat häufiger zu Besuch gekommen.

J: *(Schweigt, senkt den Blick.)*

P: Hast du etwas mit Daniel gehabt, als er hier war?

J: *(Nickt und sieht noch trauriger aus.)*

P: Johanna, ich sehe, dass du fertig bist mit der Welt. Möchtest du mit mir reden?

J: *(Schüttelt den Kopf.)* Ich glaube nicht, dass ich mit irgendjemandem darüber reden kann. Ich bin an allem schuld. Mein Vater – du weißt ja, dass er Pastor ist – er wird mich nie und nimmer verstehen. Es gibt keine Hoffnung mehr für mich.

Kommentar des Leiters: An diesem Punkt möchte man als Gesprächspartner vielleicht mehr darüber erfahren, was geschehen ist. Aber Johanna hat gerade darüber gesprochen, dass sie keine Hoffnung mehr hat. Sobald jemand sagt, dass er die Hoffnung verloren hat, dass er bald nicht mehr da ist, dass er weggehen oder seinem Leben ein Ende bereiten will, ist es wichtiger, das Risiko einer möglichen Selbsttötung richtig einzuschätzen als mehr Einzelheiten über das Geschehene zu erfahren.

Nicht jeder äußert sich so direkt und sagt: „Ich habe keine Hoffnung mehr", oder „Ich will allem ein Ende bereiten". Wenn Ihnen ein stark verändertes Verhalten bei einem Menschen auffällt, können Sie fragen: „Hast du alle Hoffnung verloren?"

P: Was willst du damit sagen, dass es keine Hoffnung mehr gibt für dich?

J: Ich glaube, es wäre besser, ich wäre nicht mehr hier. Mein Leben ist ruiniert.

P: Was meinst du mit „ruiniert"? Denkst du daran, deinem Leben ein Ende zu setzen?

J: *(Sitzt wortlos da, nickt.)* Das kannst du nicht verstehen. Ich bin bei meiner Familie unten durch, sie akzeptiert mich nicht mehr. Ich bin schwanger! Es gibt keinen Ausweg mehr.

P: Hast du dir schon darüber Gedanken gemacht, wie du aus dem Leben gehen möchtest?

J: Ja.

P: Was willst du tun?

Kommentar des Leiters: Solche präzisen Fragen helfen, herauszufinden, ob die Idee, sich das Leben zu nehmen, mehr ist als nur ein Gedanke. Wenn die verzweifelte Person schon einen konkreten Plan hat und weiß, wie sie ihn ausführen will, ist die Gefahr groß, dass sie sich tatsächlich das Leben nimmt.

J: Eine Überdosis an Medikamenten einnehmen.

P: Hast du die Medikamente hier im Zimmer?

J: *(Nickt.)*

P: Wo sind sie? Gib sie mir, bitte!

J: Aber du verstehst mich nicht. Was kann ich denn sonst tun?

P: *(Leise.)* Johanna, ich möchte bei dir bleiben und dir helfen, einen Ausweg zu finden. Bitte sag mir, wo die Medikamente sind.

J: *(Holt die Medikamente hervor und gibt sie Paula.)*

P: Ich würde gerne hier bleiben heute Nacht. Ist das okay? Ich möchte sicher sein, dass du dir nichts antust.

J: *(Nickt.)* Ja.

P: Lass uns zusammen überlegen, was zu tun ist. Kannst du eine Sache nennen, die dazu beitragen könnte, dass du dich besser fühlst?

J: Zu wissen, dass du dich um mich kümmerst und ich nicht allein bin, schon allein das hilft.

P: Ich bin für dich da. Wenn wir geschlafen haben, überlegen wir, was wir noch machen könnten, dass du dich besser fühlst. Wir können auch darüber nachdenken, wer dir sonst noch helfen kann. Vielleicht finden wir eine Beraterin. Wärst du damit einverstanden?

J: *(Sanft.)* Ja, ich denke schon.

LEKTION 6C

SUCHTPROBLEME

Dieses Thema wird hier behandelt, weil Trauma zu Sucht führen kann und weil Suchtprobleme oft Traumata verursachen.

LERNZIELE

Am Ende der Lektion sollten die Teilnehmer Folgendes können:

- Verstehen, wie es dazu kommt, dass Menschen süchtig werden und bleiben
- Süchtigen helfen, Hoffnung und Heilung im Wort Gottes zu finden
- Einem Süchtigen angemessen begegnen, je nachdem wie ernsthaft er von der Abhängigkeit frei werden möchte
- Den Angehörigen helfen, ihr Leben zu leben – unabhängig davon, ob der Betroffene von der Sucht frei ist oder nicht

Abschnitte	Unterpunkte
1. Geschichte: Heroin hält Einzug **(15 min)**	**GG:** Geschichte laut lesen. **(5 min)**
	KG: Fragen für die Diskussionsrunde: • Wie hat die Abhängigkeit Jackies Leben beeinflusst? • Was hat Jackie geholfen, von ihrer Sucht loszukommen? • Schreiben Sie eine Liste von Dingen, die abhängig machen können. **(5 min)**
	GG: Rückmeldungen sammeln und fehlende Punkte ergänzen. **(5 min)**
2. Was ist Sucht? **(8 min)**	Definition geben. **(2 min)**
	KG: Austausch: • Kennen Sie jemanden, der süchtig ist? • Welche Anzeichen dafür hat er? • Nimmt er wahr, dass er süchtig ist? **(4 min)**
	GG: Rückmeldungen **(2 min)**
3. Warum werden Menschen süchtig und in welchem Teufelskreis befinden sie sich? **(15 min)**	**KG:** Austausch: Warum werden Menschen süchtig, wie kann es dazu kommen? **(5 min)**
	GG: Rückmeldungen sammeln und fehlende Punkte ergänzen. **(5 min)**
	Kreislauf der Sucht erklären. **(5 min)**
4. Verloren und wiedergefunden **(10 min)**	Geschichte erzählen oder vorlesen. **(3 min)**
	GG: Fragen für die Diskussionsrunde: • Was wollte der jüngere Sohn vermeiden? • Was half ihm, zur Besinnung zu kommen? • Was half ihm, wieder zu Kräften zu kommen? Parallelen zwischen der Geschichte und Suchtkranken hervorheben. **(7 min)**
5. Wie können wir süchtigen Menschen helfen? **(20 min)**	**KG:** Austausch: Warum geben Süchtige ihre Sucht nicht einfach auf? **(5 min)**
	GG: Rückmeldungen sammeln und fehlende Punkte ergänzen. **(5 min)**
	GG: Das untenstehende Rollenspiel benutzen, um den Teilnehmern zu zeigen, wie man mit einem Suchtkranken sprechen kann - je nachdem in welcher Phase er sich befindet. **(10 min)**

6. Wie können wir den Angehörigen von Suchtkranken helfen? **(22 min)**	**KG:** Die Hälfte der Gruppe tauscht sich aus über: • Wie können wir den Angehörigen von Suchtkranken helfen? Die andere Hälfte der Gruppe tauscht sich aus über: • Stellen Sie sich vor, Sie würden mit einer süchtigen Person zusammenleben, jemand wie Jackie in der Geschichte. • Was können Sie tatsächlich tun, um die Situation zu ändern? • Wie können Sie sich um Ihre eigenen Bedürfnisse kümmern? • Manchmal macht man Dinge, mit denen man dem Süchtigen helfen möchte, die ihn aber eigentlich darin bestärken, sein Problem zu ignorieren. Was könnte das sein? (Zum Beispiel vertuschen) **(8 min)**
	GG: Rückmeldungen zur ersten Frage sammeln und fehlende Punkte ergänzen. Dann Rückmeldungen zu den anderen Fragen sammeln. **(14 min)**
Abschließende Diskussion	**KG:** Austausch, falls noch genügend Zeit ist: Welche Hilfen gibt es in Ihrer Umgebung für Suchtkranke, die den Wunsch haben, von ihrer Sucht befreit zu werden?[1)]

1) Hotlines und andere Beratungsangebote in Deutschland, Österreich und der Schweiz finden Sie auf den Seiten 102–103.

ROLLENSPIEL: *DIALOGE MIT SUCHTKRANKEN*

Anmerkung: Die folgenden Gespräche sind eine beispielhafte Zusammenfassung hilfreicher Antworten an Suchtkranke, die sich in verschiedenen Phasen der Sucht befinden.

S = Suchtkranker (Karl)

F= Freund/Freundin

Stufe 1: ■ ■ ■ ■

„Eigentlich habe ich kein Problem!“ (= Ist noch nicht bereit)

F: Hallo Karl, wie geht’s dir?

S: Gut. Alles ist so weit okay.

F: Wirklich? Du siehst recht mitgenommen aus. Ich habe von der großen Party letztes Wochenende gehört.

S: Ja, das war super! Ich kann mich nicht mehr an alles erinnern, aber es war wirklich cool!

F: Karl, ich muss ehrlich sagen, ich mache mir Sorgen um dich. Ich habe den Eindruck, du machst das an jedem Wochenende – und das schon seit längerer Zeit. Ich glaube, ...

S: *(Unterbricht.)* Kein Problem. Alles im grünen Bereich. Sehen wir uns später?

F: Lass mich ausreden. Ich möchte, dass du weißt, warum mir deine Trinkgewohnheiten Sorgen bereiten. Es macht mir Angst, zu sehen, wie weit es schon geht. Du weißt ja nicht mehr, was du tust und redest, so betrunken bist du! Abgesehen davon wirkt es sich ja auch auf deine Arbeit und deine Familie aus. Dabei liegt dir deine Familie doch am Herzen, das weiß ich.

S: Komm schon! Es gibt keinen Grund, dir Sorgen zu machen. Tschüss!

Stufe 2: ■■■■

„Vielleicht habe ich ja tatsächlich ein Problem!“ (= Wird bereit)

F: Hallo Karl, wie geht's dir?

S: Ach ja, schon recht.

F: Was ist los?

S: Eigentlich nichts. Das heißt, heute Morgen bin ich an einem Ort aufgewacht, den ich gar nicht kenne, und ich weiß nicht mehr, was gestern Abend los war. Mir ist so elend heute. Das macht mir Angst.

F: Ja, das hört sich beängstigend an.

S: Vielleicht sollte ich mich doch etwas zurückhalten mit Alkohol. Vielleicht eine Weile gar nichts mehr trinken.

F: Das wird hart, aber ich glaube, das wäre eine gute Idee. In welcher Weise könnte dir das denn helfen?

S: Na ja, ich hätte nicht mehr nach jedem Wochenende so einen Kater, und ich könnte pünktlich zur Arbeit gehen. Zu Hause gäbe es vermutlich auch nicht mehr so viel Streit.

F: Ja, das hört sich richtig gut an. Und du hättest keine Gedächtnislücken mehr durch den übermäßigen Alkoholkonsum! Vergiss nicht, ich bin da für dich. Ruf mich einfach an, wenn du zur Flasche greifen willst, okay?

Stufe 3: ■■■■

„Ich habe ein Problem. Ich werde damit aufhören."
(= Ist bereit)

F: Hallo Karl. Wie geht's?

S: Nicht gut. Ich habe dir doch gesagt, dass ich mich zurückhalten will mit Alkohol.

F: Ja, stimmt. Und?

S: Hm, ich habe versucht, mich zu enthalten, aber es klappt nicht. Letzte Woche habe ich wieder viel zu viel getrunken. Ich habe einfach keine Kontrolle über mich, es ist zum Verzweifeln! Ich will wirklich aufhören und brauche Hilfe!

F: Danke, dass du mir das erzählst. Es hört sich echt schwierig an, aber ich möchte dir helfen. Komm, wir gehen einen Kaffee trinken. ... Sag mal, warum hast du überhaupt mit Trinken angefangen?

S: Ich weiß nicht. Als ich in der Oberstufe war, hat mein Vater meine Mutter verlassen. Das hat mich so richtig wütend gemacht. Ja, und dann meine Freunde – die haben gern und ausgiebig getrunken.

F: Und letzte Woche, was ist da passiert, dass du wieder angefangen hast, zu trinken? Was genau war los?

S: Es war direkt nachdem ich mich mit meiner Frau gestritten hatte. Ich war so wütend, dass ich mir nicht mehr zu helfen wusste.

F: Ah! Vielleicht greifst du zur Flasche, wenn du zornig oder verwirrt bist.

S: Weißt du was? Das stimmt.

F: Ein Bekannter von mir, Peter, ist frei geworden von seiner Abhängigkeit. Er erzählte mir, dass er jedes Mal, wenn er einen Drang verspürt hat, zehn Minuten wartete. Danach war der Drang meistens weg. Gibt es irgendetwas, was du tun könntest, um dich abzulenken, wenn du ein Verlangen nach Alkohol hast? Vielleicht können wir einige Dinge aufschreiben.

S: Okay. *(Überlegt.)* Ich könnte zum Beispiel laufen gehen oder einen

Spaziergang machen. Bewegung an der frischen Luft tut mir immer gut. Oder – ich könnte dich anrufen! Und vermutlich sollte ich keine Reklame im Fernsehen mehr anschauen – schon beim Anblick des schäumenden Biers läuft mir das Wasser im Mund zusammen.

F: Das ist doch schon ein guter Anfang! Vielleicht können wir eine Selbsthilfegruppe für dich finden. Und ich möchte dich gerne mit Peter bekannt machen. Wäre das okay?

F: Ja, gute Idee. Das könnte mir helfen.

Stufe 4: ■■■■

„Oh weh, ich habe es doch wieder getan" (= Rückfall)

F: *(Beunruhigt.)* Hallo Karl, geht's dir gut?

S: Ich hab's vermasselt! Es lief richtig gut! Und dann hatte ich gestern Abend Streit mit meiner Frau. Ich war so wütend, dass ich in die Bar gegangen bin und mich betrunken habe. Ich kann's einfach nicht fassen.

F: Oh!

S: Ja, und ich hatte fünf Monate nicht mehr getrunken. Was soll ich jetzt bloß machen?

F: Weißt du, das ist ganz normal, das gehört zum Freiwerden dazu. Deshalb ist doch nicht alles vorbei. Heute beginnt der nächste Schritt. Jesus lässt dich nicht im Stich, Er ist geduldig und begleitet dich auf deiner Reise – genauso wie ich!

LEKTION 7

FÜR DEN HELFER SORGEN

Den Begriff „sekundäres Trauma" erklären: Wenn wir uns die traumatischen Erfahrungen anderer Menschen anhören oder mit ansehen, besteht die Gefahr, dass wir auch Trauma-Symptome erleben (z. B. Ereignisse in Gedanken immer wieder durchleben; alles, was uns an die traumatische Erfahrung erinnert, vermeiden; ständig in Alarmbereitschaft sein). Das ist anders, als überlastet sein. Aber es ist möglich, dass jemand sowohl überlastet ist als auch an einem sekundären Trauma leidet.

LERNZIELE

Am Ende der Lektion sollten die Teilnehmer Folgendes können:

- Verstehen, dass Helfer auch für sich selbst sorgen müssen, vor allem, wenn sie traumatisierten Menschen helfen
- Schwierigkeiten erkennen, die entstehen, wenn man sich um andere kümmert
- Einschätzen, wie gut sie für sich selbst sorgen
- Vom Wort Gottes her aufzeigen, dass es notwendig ist, für sich selbst zu sorgen
- Sich Ziele setzen für ihr psychisches und physisches Wohlbefinden

Abschnitte	Unterpunkte
1. Geschichte: Paul macht Urlaub **(10 min)**	**GG:** Geschichte laut lesen. **(4 min)**
	KG oder GG: Fragen für die Diskussionsrunde: • Warum hat Paul wohl die ganzen Probleme? • Wie hat Maria ihm geholfen? **(3 min)**
	GG: Ggf. Rückmeldungen. Die Tatsache hervorheben, dass Paul, neben allen anderen Problemen, an einem Sekundärtrauma leidet. **(3 min)**

2. Wie können wir wissen, ob ein Helfer überlastet ist? **(15 min)**	**KG oder GG:** Austausch: • Sind Ihnen Menschen bekannt, die durch ihre ständige Hilfsbereitschaft so überlastet sind/waren, dass sie entmutigt oder krank geworden sind? Was sagen sie, wie verhalten sie sich? **Zu zweit:** • Haben Sie sich selbst schon einmal überlastet gefühlt? Beschreiben Sie, wie sich das anfühlt. **(7 min)**
	GG: Ggf. Rückmeldungen zur **ersten Frage** sammeln. Ergänzen mit Symptomen aus der Liste, die noch nicht erwähnt wurden. Dann vorsichtig Rückmeldungen zur **zweiten Frage** sammeln, ohne Druck auf Teilnehmer auszuüben, die sich nicht äußern wollen. Fragen Sie, ob die Teilnehmer Zeichen kennen, die darauf hinweisen, dass sie überlastet sind. **(8 min)**
3. Welche Herausforderungen können auftreten, wenn man sich um die Nöte anderer kümmert? **(20 min)**	**KG:** Austausch: Was war für Sie schwierig, als Sie sich um andere Menschen gekümmert haben? **(5 min)**
	GG: Rückmeldungen sammeln und fragen, welche Herausforderungen sonst noch auftreten können. Von den Abschnitten 3A–G ergänzen, was nicht erwähnt wurde **(15 min)**
4. Wie können Helfer für sich selbst sorgen? **(38 min)**	**GG:** Einen Bleistift und einen Bleistiftspitzer zeigen und fragen: Was passiert, wenn dieser Bleistift nie gespitzt wird? Und was passiert mit einem Auto, das nicht regelmäßig gewartet wird? Ist die Zeit, die für das Spitzen und die Wartung verwendet wird, verschwendet oder sinnvoll eingesetzt? **(3 min)**
	A: KG: Die Hälfte der Gruppe tauscht sich über die erste Frage aus, die andere Hälfte über die zweite: • 1. Könige 19,3–8. Was hat Gott für den Propheten Elia getan, als er müde und entmutigt war? • 1. Mose 2,2–3 und 2. Mose 23,12. Warum hat Gott wohl am siebten Tag geruht, nachdem er die Welt und alles, was darin ist, erschaffen hatte? **(5 min)**
	GG: Rückmeldungen sammeln und die Punkte unter Abschnitt 4A besprechen. **(5 min)**
	B: GG: Punkte unter Abschnitt 4B besprechen. **(2 min)**
	C: KG oder GG: Austausch über: 2. Mose 18,13–23. Was war Moses Problem? Wie hat er es gelöst? **(4 min)**
	GG: Ggf. Rückmeldungen sammeln. Die Punkte von Abschnitt 4C besprechen. **(4 min)**

	D: Kurz über Fitness, Schlaf und Essen reden. **Zu zweit:** Beschreiben Sie Ihre Aufgaben und Verantwortlichkeiten. Wie können Sie sicherstellen, dass Sie selbst und Ihre Familie neben der Sorge für andere nicht zu kurz kommen? Wer zu viel zu tun hat, soll sich für die kommende Woche eine praktische Maßnahme zur Verminderung der Arbeitsbelastung vornehmen. Lesen Sie zusammen Psalm 23. Denken Sie darüber nach, was es bedeutet, dass Gott sich um Sie kümmert wie ein Hirte sich um seine Schafe kümmert. Genießen Sie seine Fürsorge. **(10 min)**
	GG: Rückmeldungen **(5 min)**
Übungen **(7 min)**	Machen Sie die Baum-Übung (Seite 107–109 im Arbeitsbuch) oder, falls noch nicht geschehen, die Tresor-Übung (Seite 34 im Arbeitsbuch). Beide sollten in ruhigen Zeiten eingeübt werden.

VORSCHLÄGE

1. Die Lektion mit folgendem Anspiel starten:

Jemand spielt die Rolle eines überarbeiteten Leiters einer Gemeinschaft. Er bekommt ständig Besuch. Seine Frau und seine Kinder versuchen, seine Aufmerksamkeit zu gewinnen, und er hat mindestens zwei Handys, die ständig klingeln.

Tauschen Sie sich darüber aus, wie sich der Leiter fühlt und wie es zu solch einer Überlastung kommen kann.

2. Wenn die Teilnehmer Helfer sind, fragen, wie viele von ihnen in den letzten 12 Monaten Urlaub gemacht haben. Ggf. darüber reden, wie sie es dieses Jahr machen könnten.

3. Abschließend folgendes Rollenspiel in 2er-Gruppen durchführen: Einer bittet den anderen, eine neue Verantwortung zu übernehmen. Der andere übt, klar, aber kulturell angemessen „Nein“ zu sagen.

LEKTION 8

DEN SCHMERZ ZU GOTT BRINGEN

Bitte beachten Sie die Anleitung für Kursleiter am Anfang von Kapitel 8 im Arbeitsbuch.

Folgendes sollte vorher überlegt und bereitgestellt werden:

- Liedblätter oder Musikaufnahmen (MP3, CD, Internet)
- ein Kreuz, falls angebracht

Wenn die Zettel, auf die die inneren Schmerzen (bzw. die Bitterkeit und Schuld siehe *Feierlicher Akt* Seite 80–81) geschrieben wurden, verbrannt werden sollen:

- ein einfacher Karton oder Korb, in den die Teilnehmer die Zettel legen können
- Stift und Papier für jeden Teilnehmer; (falls sie nicht gut schreiben können oder um ihre Sicherheit fürchten müssen, wenn sie ihren Schmerz zu Papier bringen, können auch Holzstöckchen oder ähnliche Dinge als Symbol für den Schmerz verbrannt werden)
- Streichhölzer
- ein Platz, wo die Zettel verbrannt werden können
- ein feuerfester Behälter
- ein Stock oder Ähnliches, um das Feuer zu schüren

Wenn auf wasserlösliches Papier geschrieben wird:

- Stift und wasserlösliches Papier für jeden Teilnehmer
- eine Schüssel mit warmem Wasser, groß genug für alle Zettel
- einen Löffel zum Umrühren

Wenn kein wasserlösliches Papier zur Verfügung steht und es an dem Ort nicht erlaubt ist, Papier zu verbrennen, muss man kreativ sein und sich etwas anderes einfallen lassen, wie man die Zettel vernichten kann. Eventuell kann man einen Aktenvernichter verwenden.

Nach der persönlichen Stille sollen sich die Teilnehmer in 2er- oder 3er-Gruppen austauschen. Entweder finden sie sich selbst zusammen oder die Leiter überlegen bereits vorher, welche Teilnehmer am besten zusammenpassen. Grundsätzlich ist es hilfreich, Männer mit Männern, Frauen mit Frauen und Leiter mit Leitern zu gruppieren. Falls es im Kurs um ethnische Versöhnung geht, können die Gruppen aus Teilnehmern verschiedener ethnischer Herkunft gebildet werden.

In der 2er- oder 3er-Gruppe sollte jeder Gelegenheit haben, dem anderen von seinem Schmerz (bzw. seiner Bitterkeit und Schuld) zu erzählen – so viel davon, wie er will und kann. Dazu ist gegenseitiges Vertrauen notwendig. Oft setzt dieser tiefe Austausch schon den Heilungsprozess in Gang.

LERNZIELE

Am Ende der Lektion sollten die Teilnehmer Folgendes können:

- Ihre seelischen Verletzungen erkennen; (sie haben erfahren, dass es hilft, mit jemandem über seine Verletzungen zu reden)
- Verstehen, dass Jesus Heilung und Vergebung schenken kann
- Verstehen, dass sie ihren Schmerz immer wieder abgeben können - bei Gott, der unsere Zuflucht ist, oder bei Jesus, dem Heiler
- Anderen helfen, ihren Schmerz zu Gott bzw. zu Jesus zu bringen

Abschnitte	Unterpunkte
1. Erkennen Sie Ihre seelischen Verletzungen **(55 min)**	**GG:** Mit 1 bis 2 Liedern beginnen. Erklären Sie den Ablauf dieser Lektion. Das gibt den Teilnehmern Sicherheit. Dann folgt die Erklärung im Buch: „Bisher haben wir uns damit beschäftigt, die Schmerzen wahrzunehmen, ...“ Abschnitt 1 lesen, einschließlich der Texte aus dem Wort Gottes: Matthäus 8,16–17; Lukas 4,18–19 und 20–21; Matthäus 11,28–29. **(10 min)**
	A: GG: Zettel austeilen. Dazu auffordern, sich Zeit mit Gott zu nehmen und seinen Schmerz aufzuschreiben (siehe Text im Arbeitsbuch). Vorschlagen, dass jeder einen ruhigen Platz aufsucht, und ankündigen, dass Sie die Teilnehmer nach 20 Minuten zurückrufen werden. **(5 min)**
	Persönliche Stille **(20 min)**

	B: GG: Die Teilnehmer teilen sich in 2er- oder 3er-Gruppen auf oder die Leiter schlagen vor, wer mit wem reden soll. Stellen Sie sicher, dass jeder einen Partner hat. Ermutigen Sie die Teilnehmer dazu, nur so viel vom Niedergeschriebenen mitzuteilen, wie sie möchten. Anschließend beten sie füreinander. **(20 min)**
2. Bringen Sie Ihren Schmerz zu Gott, der unsere Zuflucht ist **(25 min)**	**GG:** Ein Lied singen oder Musik abspielen. Lesen Sie Matthäus 11,28 vor und ermutigen Sie die Teilnehmer dazu, ihr Herz vor Gott auszuschütten. **(5 min)**
	A: Laden Sie dann alle dazu ein, ihre Zettel nach vorne zu bringen und im Behälter abzulegen. **(10 min)**
	B: GG: Ggf. mit dem Behälter ins Freie gehen (falls es regnet, ist ein Alternativplan nützlich). Einen Kreis um das Feuer oder die Wasserschüssel bilden. Während die Teilnehmer zusehen, wie ihre Zettel verschwinden, Psalm 30,12–13 lesen. Einige Anbetungslieder singen, wenn angebracht. Danach betet jeder für seinen rechten Nachbarn. **(10 min)**
3. Erzählen Sie den anderen, was Gott getan hat **(10 min)**	**GG:** Einigen Teilnehmern Gelegenheit geben, kurz davon zu berichten, wie Gott in den letzten Tagen in ihrem Leben gewirkt und geholfen hat. Abschließen mit einem Gebet, mit einem Lied und entweder mit dem Vaterunser oder mit Philipper 4,23: Die Gnade des Herrn Jesus Christus sei mit euch! **(10 min)**

VORSCHLÄGE

1. Machen Sie es von der Gruppe abhängig, ob ein Kreuz als Symbol für Jesus benutzt wird oder nicht.
2. Bei feuchter Witterung kann es helfen, etwas Petroleum in die feuerfeste Schale zu schütten, bevor die Zettel hineingelegt werden.
3. Manche ziehen es vor, die Lektion *Den Schmerz zu Gott bringen* zusammen mit dem feierlichen Akt *Um Vergebung bitten und anderen vergeben* als Abschluss eines Kurses/einer Austauschgruppe zu gestalten. In diesem Fall sollten die Teilnehmer ihre Zettel in drei Teile aufteilen:

- Sünden, für die sie Gott um Vergebung bitten wollen
- Schmerz, den sie zu Gott bringen wollen
- Bitterkeit, die sie gegen jemanden hegen

Zu jedem dieser drei Teile die angegebenen Stellen aus dem Wort Gottes vorlesen und den Teilnehmern Zeit zum Überlegen und Schreiben geben.

LEKTION 9

VERGEBUNG

Wenn Sie die *Abschließende Aktivität* am Ende der Lektion durchführen, brauchen Sie statt 90 Minuten ca. 105 Minuten.

LERNZIELE

Am Ende der Lektion sollten die Teilnehmer Folgendes können:

- Echte Vergebung von falscher Vergebung unterscheiden
- Den Verlauf von Vergebung erklären
- Erklären, warum wir, besonders als Gläubige, anderen vergeben sollten
- Erklären, was echte Umkehr bedeutet
- Erkennen, wen sie um Vergebung bitten und wem sie vergeben sollten

Abschnitte	Unterpunkte
1. Geschichte: Esther vergibt Gabriel **(10 min)**	Geschichte laut lesen. **(5 min)**
	GG: Fragen für die Diskussionsrunde: • Welche falsche Vorstellung hatte Esther von Vergebung? • Wie würden Sie echte Vergebung erklären? **(5 min)**
2. Was bedeutet Vergebung? **(20min)**	**GG:** Rollenspiele *Echte und falsche Vergebung* vorspielen lassen (siehe unten). **(3 min)**
	KG: Austausch: Die Hälfte der Gruppe trägt zusammen, was Vergebung ist, die andere Hälfte, was Vergebung nicht ist. („Vergebung ist ...“; „Vergebung ist nicht ...“) **(5 min)**
	GG: Rückmeldungen sammeln, auf Flipchart/Tafel schreiben und mit den Punkten aus Abschnitt 2 ergänzen. („Vergebung ist: den Schmerz und die Wut loslassen; dem Täter das Vergehen nicht mehr anlasten; auf Vergeltung verzichten“. „Vergebung ist nicht ...“ siehe Liste im Arbeitsbuch). **(8 min)**

	Geschichte aus Matthäus 18,23-34 erzählen oder vorlesen. Kernaussage herausarbeiten: Wenn wir Gottes Vergebung persönlich erlebt haben, kann Er uns Kraft schenken, anderen zu vergeben. **(4 min)**
3. Wie können wir Vergebung erfahren? **(10 min)**	**KG:** Fragen Sie: Was können wir tun, damit uns vergeben wird? Jede KG beantwortet die Frage mit einem Abschnitt aus Gottes Wort. Verteilen Sie Zettel mit den jeweiligen Stellenangaben (Jakobus 4,8-9 und 2. Korinther 7,10; Sprüche 28,13 und Psalm 32,3-5; 1. Johannes 1,9; Jakobus 5,16; Apostelgeschichte 26,20b; 4. Mose 5,5-7). **(5 min)**
	GG: Rückmeldungen sammeln und ergänzen, was nicht erwähnt wurde. **(5 min)**
4. Wie können wir anderen vergeben? **(20 min)**	**GG:** Abschnitte A bis D durchnehmen. Den Verlauf der Vergebung auf Flipchart/Tafel aufzeigen. **(10 min)**
	KG: Austausch: • Was wird in Ihrer Kultur über Vergebung gesagt? • Stimmt das mit dem überein, was wir gerade besprochen haben? **(5 min)**
	GG: Rückmeldungen sammeln. Betonen Sie, dass es nicht verkehrt ist, einen Vermittler einzuschalten, wenn es kulturell üblich ist. (Bedenken Sie, dass die Teilnehmer möglicherweise aus ganz unterschiedlichen kulturellen Hintergründen kommen). **(5 min)**
5. Warum will Gott, dass wir anderen vergeben? **(30 min)**	**GG:** Die folgende Übung *Unnötige Last* durchführen und etwas ausbauen: „Stellen Sie sich vor, Sie hätten einen Menschen, dem Sie nicht vergeben haben, auf Ihren Rücken gebunden. Wohin Sie auch gehen, was immer Sie auch machen, er begleitet Sie als schwerer Ballast. Wenn Sie spazieren gehen, ist er da. Wenn Sie Abendbrot essen, ist er da. Wenn Sie arbeiten, ist er da. Wenn Sie beten, ist er da. Wenn Sie versuchen wegzurennen, verfolgt er Sie, und wenn Sie versuchen, sich zu verstecken, ist er auch da. Richtig mühsam! Stellen Sie sich nun vor, dass Sie beschließen, dem Menschen zu vergeben und dieses lästige Gewicht von Ihrem Rücken lösen." **(3 min)**
	GG: Austausch: • Wie haben Sie sich gefühlt, als Sie den Menschen auf Ihrem Rücken hatten? • Wie haben Sie sich gefühlt, nachdem Sie ihn losgelassen hatten? • Wer leidet, wenn wir unseren Mitmenschen nicht vergeben - wir oder sie? Alternativ das Anspiel *Unnötige Last* durchführen (siehe unten) und sich über die darunter stehenden Fragen austauschen. **(4 min)**

	A–C: KG: Jede Gruppe bekommt einen Zettel, auf dem einer der folgenden Abschnitte aus Gottes Wort steht: 2. Korinther 2,10–11; Hebräer 12,14–15; Epheser 4,32; Matthäus 18,21–35; Matthäus 6,12. Die Gruppe liest den Abschnitt und nennt den darin aufgeführten Grund, warum wir vergeben sollen. **(5 min)**
	GG: Rückmeldungen sammeln und ergänzen, was von den Abschnitten A bis C noch nicht erwähnt wurde. **(5 min)**
	KG: Austausch über eine der folgenden Fragen: • Was ist so schwer daran, dem anderen zu vergeben? Was hat Ihnen am meisten geholfen, als Sie jemandem vergeben wollten? • Welche Ihrer Traditionen helfen Ihnen, anderen zu vergeben? Welche Traditionen hindern Sie daran? **(8 min)**
	GG: Rückmeldungen sammeln. **(5 min)**
Abschließende Aktivität **(15 min)**	**GG:** Diese Aktivität weglassen, wenn der feierliche Akt *Um Vergebung bitten und anderen vergeben* zu einem anderen Zeitpunkt durchgeführt wird.

VORSCHLÄGE FÜR LEKTION 9

ROLLENSPIELE: *ECHTE UND FALSCHE VERGEBUNG*

Einige Teilnehmer im Voraus bitten, die Rollenspiele vorzubereiten.

1. *3 Spieler: Daud, Ibrahim und Sami.*

Daud sitzt mit seinem Freund Ibrahim zusammen, sie unterhalten sich.

D: Letzte Woche hat mich Sami wirklich verletzt. Vor allen Leuten sagte er, ich würde die Sprache vom Land der Hoffnung wohl nie richtig lernen. Damit werde ich einfach nicht fertig. Es tut immer noch weh, wenn ich daran denke.

Ibrahim geht, kurz darauf kommt Sami herein.

S: Tut mir leid, was ich letzte Woche gesagt habe. Vergib mir bitte!

D: Ach, es gibt doch nichts zu verzeihen. Ist schon gut!

2. *2 Spieler: Asif kommt zu Baraka. Sie unterhalten sich.*

A: Du, Baraka, ich habe versucht, meinem Vater zu vergeben, dass er früher so grausam zu mir war. Aber es fällt mir so schwer, ich schaffe es einfach nicht.

B: Du musst alles vergessen, Asif, einfach alles hinter dir lassen. Nur, wenn du alles vergisst, hast du ihm wirklich vergeben.

A sieht verdutzt und verzweifelt aus.

3. *3 Spieler: Reza, der reguläre Lehrer des Glaubensgrundkurses; Moussa, der vertretende Lehrer; Nouh, ein Teilnehmer. Reza und Moussa begegnen sich.*

R: Moussa, gut dich zu sehen! Vielen Dank, dass du am Sonntag meine Klasse im Glaubenskurs unterrichtet hast. Die Auszeit hat mir so gutgetan!

M: Ich möchte diese Klasse nie wieder unterrichten!

R: Was, warum nicht? Was war los?

M: Nouh hat mich dermaßen in Verlegenheit gebracht. Ich habe nur ganz nebenbei etwas erwähnt, was eigentlich gar nicht zum Thema gehörte. Und genau darüber hat er immer wieder eine Diskussion angefangen. Ich war nur auf mein Thema vorbereitet und konnte ihm nicht richtig antworten. – Das war so peinlich!

R: Oh, das tut mir echt leid. Komm, wir gehen zu Nouh und sprechen darüber.

M: Okay.

Reza und Moussa gehen zu Nouh.

M: Du, Nouh, die Auseinandersetzung in der Klasse am Sonntag macht mir immer noch zu schaffen. Weißt du, ich war so frustriert darüber, dass ich dir nicht richtig antworten konnte. Es war einfach nur peinlich.

N: Ja, ich habe gemerkt, dass du unsicher wurdest. Tut mir leid, dass ich so hartnäckig war. Bitte verzeih mir.

N reicht M die Hand.

M: Okay, mach ich. Gut, dass wir darüber geredet haben, jetzt geht es mir wesentlich besser.

ANSPIEL:
UNNÖTIGE LAST

Suchen Sie zwei Freiwillige gleichen Geschlechts und ähnlicher Größe. Eine Person spielt Johann, der von seinem Freund verletzt wurde (oder Johanna, die von ihrer Freundin verletzt wurde). Die beiden werden mit einem Seil Rücken an Rücken zusammengebunden. Wohin Johann (Johanna) auch geht, was immer er (sie) auch tut, sein Freund (ihre Freundin) begleitet ihn (sie).

Die Spieler folgen den Anleitungen des Kursleiters:

- Wenn Johann spazieren geht, ist sein Freund da.
- Wenn Johann Abendbrot isst, ist sein Freund da.
- Wenn Johann arbeitet, ist sein Freund da.
- Wenn Johann betet (niederknien), ist sein Freund da.
- Wenn Johann versucht, wegzurennen, folgt ihm sein Freund.
- Wenn Johann versucht, sich zu verstecken, ist sein Freund auch da. Es ist richtig mühsam, er kann den Gedanken und dem Ärger über seinen Freund nicht entkommen.
- Schließlich besinnt er sich und beschließt, seinem Freund zu vergeben. Er löst das Seil und ist wieder frei.

Austausch in der großen Gruppe:

- Wie hat sich Johann wohl gefühlt, als er seinen Freund auf dem Rücken hatte?
- Wie hat er sich gefühlt, nachdem er ihn losgelassen hatte?
- Wer leidet, wenn wir unseren Mitmenschen nicht vergeben – wir oder sie?

Um Zeit zu sparen

- Wenn Abschnitt 3 *Wie können wir Vergebung erfahren?* bekannt ist, kann er weggelassen werden.
- Die *Abschließende Aktivität* kann auch als Morgenandacht durchgeführt werden.

LEKTION 10

KONFLIKTE ZWISCHEN (ETHNISCHEN) GRUPPEN

Diese Lektion soll Menschen helfen, ihren Glauben auch mitten in Konflikten zwischen verschiedenen Gruppen auszuleben. Das kann zur Versöhnung beitragen.

Um Konflikte auf nationaler Ebene zu lösen, müssen allerdings politisch Verantwortliche involviert sein.
Da in Gemeinden Menschen aus unterschiedlichen ethnischen Gruppen und Klassen vertreten sind, gibt es oft versteckte Spannungen, auch wenn kein offener Konflikt ausbricht. Zum Beispiel: Eine internationale Gemeinde trifft sich im Gemeindehaus einer deutschen Gemeinde und isst anschließend gemeinsam zu Abend. Am nächsten Tag kommen Gemeindeglieder der deutschen Gemeinde in die Küche und stellen frustriert fest, dass die Küche nicht sauber genug ist, alles nach Knoblauch riecht und das Geschirr nicht am richtigen Platz steht.

LERNZIELE

Am Ende der Lektion sollten die Teilnehmer Folgendes können:

- Akzeptieren, dass Konflikte zum Leben gehören, auch unter Gläubigen
- Die Wurzeln von Konflikten entdecken, insbesondere von Vorurteilen
- Auch in Konflikten aufrichtig als Gläubige leben
- Als Vermittler zur Versöhnung beitragen

Abschnitte	Unterpunkte
1. Geschichte: Rate mal, wer zum Essen kommt! **(15 min)**	Geschichte laut lesen. **(5 min)**

	GG: Fragen für die Diskussionsrunde: • Was denken die Eltern über die geplante Hochzeit von Timo und Jackie? – Warum denken sie so? • Wie hilft Paul den Beteiligten? • Wie reagieren andere Menschen wohl, wenn sie Timo und Jackie als Paar sehen? **(10 min)**
2. Was sind Gründe für Konflikte zwischen (ethnischen) Gruppen? **(30 min)**	**KG oder GG:** Austausch: Gibt es Konflikte zwischen Gruppen in Ihrer Umgebung oder in Ihrem Land? Erstellen Sie eine Liste. Wo haben diese Konflikte ihre Wurzeln?
	GG: Ggf. Rückmeldungen notieren auf Flipchart/Tafel. Ergänzen mit Punkten aus Abschnitt A–D, die noch nicht erwähnt wurden. **(10 min)**
	Gruppenklischee-Übung nach Anleitung im Arbeitsbuch durchführen. **(20 min)**
3. Wie können wir mitten in Konflikten in Frieden miteinander leben? **(20 min)**	**KG:** Auf Flipchart/Tafel die vier Überschriften A–D notieren. Jeder Gruppe eine Überschrift zuteilen und einen Zettel mit einer Stellenangabe aus dem Wort Gottes austeilen: Für Überschrift A: Matthäus 10,28–31; für Überschrift B: Apostelgeschichte 10,34–35; für Überschrift C: Römer 12,19–21; für Überschrift D: Markus 6,31.45–46. **Austausch:** Wie beantwortet der Abschnitt Ihrer Gruppe die Frage: Wie können wir mitten in Konflikten in Frieden miteinander leben? **(10 min)**
	GG: Rückmeldungen sammeln und ergänzen mit Punkten aus den Abschnitten A–D, die noch nicht erwähnt wurden. **(10 min)**
4. Wie können wir Versöhnung fördern? **(25 min)**	Die Übung *Die Brückenbauer* durchführen, wie im Arbeitsbuch beschrieben. **(10 min)**
	Punkte aus den Abschnitten A–E, die noch nicht erwähnt wurden, ergänzen. **(10 min)**
Abschließende Diskussion	**KG:** Austausch über praktische Schritte, um mögliche Konflikte in der Umgebung zu lösen und Versöhnung zu schaffen. Gebet. **(5 min)**

FEIERLICHER AKT
UM VERGEBUNG BITTEN UND ANDEREN VERGEBEN

Führen Sie den feierlichen Akt als letzte Einheit eines Kurses oder einer Austauschgruppe durch. Planen Sie ca. 75 Minuten dafür ein.

LERNZIELE

In der Lektion bekommen die Teilnehmer Gelegenheit:

- Bitterkeit, die sie mit sich herumtragen, zu erkennen und sie zu Gott zu bringen
- Sünden zu bekennen, besonders wo sie andere verletzt haben, und Gott um Vergebung zu bitten
- Seelische Verletzungen, die sie noch mit sich herumtragen, zu erkennen, sie zu Gott zu bringen und Ihn um Heilung zu bitten
- Als Gruppen oder Einzelpersonen einander zu vergeben

Diese Aktivität ist fast identisch mit Lektion 8 *(Den Schmerz zu Gott bringen)*, die in den meisten Kursen durchgeführt wird. Hier liegt der Schwerpunkt allerdings darauf, Vergebung zu empfangen und anderen zu vergeben. Bitte lesen Sie auf den Seiten 71–72 nach, was vorher überlegt und bereitgestellt werden muss. Beachten Sie auch die Vorschläge am Ende von Lektion 8. Folgen Sie dann dem im Arbeitsbuch beschriebenen Ablauf. Schließen Sie diesen *feierlichen Akt* ab mit einem Gebet, mit einem Lied und entweder mit dem Vaterunser oder mit Philipper 4,23: Die Gnade des Herrn Jesus Christus sei mit euch!

BASISKURS

In einem Basiskurs müssen zusätzlich zu den Lektionen des Buches *Traumatisierte Menschen* begleiten einige praktische Themen angesprochen werden.

BENÖTIGTES MATERIAL

- Für jeden Teilnehmer ein Buch *Traumatisierte Menschen begleiten* in einer für ihn verständlichen Sprache und einige Exemplare zum Verkauf
- Für jeden Teilnehmer ein Handbuch für Helfer und Basiskursleiter
- Für jeden Teilnehmer einen Stift und eine Sammelmappe/einen Ordner mit
  - einem Notizblock
  - einem Berichtsformular (siehe Anhang)
  - einem Erlaubnisformular zur Veröffentlichung von Zeugnissen und Fotos (siehe Anhang)
  - einem Feedbackbogen
  - einem Vordruck zur Reflexion jeder durchgenommenen Lektion

Alles Weitere siehe Seite 17–18.

INHALT EINES BASISKURSES

- Begrüßung, Einführung, Erwartungen (45 min)
- Die Kernlektionen: 1, 2, 3, 8, 9 (7,5 Stunden, ohne die Übungen von Lektion 2)
- Klagepsalm (60 min)
- Zuhörübung (30 min)
- Fragebogen (45 min)
- Übersicht über das Traumabewältigungsprogramm: Einführung in das Handbuch; Aufbau des Programms; Kursleiter werden (45 min)

- Partizipatives Lernen (60 min)
- Moderationsübung (90 min)
- Planen und Ziele setzen (90 min)
- Website-Übersicht des *Trauma Healing Institute* (15 min)
- Berichte schreiben (20 min)
- Abschluss des Kurses (30 min)

! Dies wird mindestens 16 Stunden in Anspruch nehmen.

Wenn mehr Zeit zur Verfügung steht, wählen Sie aus den optionalen Lektionen aus:

- Die Übung *Leid kreativ verarbeiten* in Lektion 2
- Lektion 4 Seelische Verletzungen bei Kindern
- Lektion 5 Sexuelle Gewalt
- Lektion 6A Häusliche Gewalt
- Lektion 6B Selbsttötung
- Lektion 6C Suchtprobleme
- Lektion 7 Für den Helfer sorgen
- Lektion 10 Konflikte zwischen (ethnischen) Gruppen
- Feierlicher Akt: Um Vergebung bitten und anderen vergeben

! Im Anhang finden Sie einen Musterzeitplan für einen dreitägigen Basiskurs (Seite 91).

WICHTIGE INFORMATIONEN UND PRAKTISCHE TIPPS

A. BEGRÜSSUNGSRUNDE

Siehe Informationen auf den Seiten 26–27 bezüglich Austauschgruppen.

1. Kennenlernspiel

2. Gesprächspunkte, um einen Überblick zu vermitteln:

- *Traumatisierte Menschen begleiten* soll Menschen helfen, die Bibel und grundlegende Konzepte der Psychologie und Psychiatrie in Einklang zu bringen.
- Alles wird in gewöhnlicher Sprache ausgedrückt, sodass der Inhalt für jeden verständlich ist.
- Gehen Sie kurz die Darstellung *Stationen der Traumabewältigung* durch. (Seite 9)
- Legen Sie Grundregeln für Vertraulichkeit und einen geschützten Raum fest. (Seite 18 und Seite 21)
- Wir lernen am besten durch Erfahrung, deshalb gestalten wir den Unterricht beteiligungsorientiert bzw. partizipativ.
- Die Teilnehmer einer Kursleiterschulung finden sich in **zwei unterschiedlichen Rollen** wieder: Zum einen nehmen sie die Rolle als **Teilnehmer einer Austauschgruppe** ein. Dabei können eigene seelische Verletzungen aufgearbeitet werden. Zum anderen sind sie **angehende Gruppenleiter**, die den Inhalt des Buches kennen und vermitteln lernen.

Vielleicht haben Sie das Gefühl, dass Sie etwas für Ihre Gruppe anpassen sollten. Tun Sie das!

3. Bescheinigungen:

Am Ende des Basiskurses werden **zwei Arten von Bescheinigungen** für die Teilnehmer ausgestellt, die bei allen Lektionen anwesend waren. Die **Bescheinigung *Kursleiter in Ausbildung*** wird an diejenigen vergeben, die im Ausbildungsprozess weitermachen wollen, um selbst Kursleiter zu werden. Wer zu diesem Zeitpunkt den Ausbildungsprozess nicht weitermacht, sei es auf eigenen Wunsch oder aufgrund der Beurteilung der Kursleiter, bekommt eine einfache **Teilnahmebescheinigung.** Wir nehmen den Bescheinigungsprozess ernst, denn wir wollen niemandem Schaden zufügen – weder denjenigen, denen die Teilnehmer künftig helfen werden, noch den Teilnehmern selbst, z. B. weil sie überfordert sind.

B. HANDBUCH FÜR HELFER UND BASISKURSLEITER (15 MINUTEN)

Geben Sie jedem Teilnehmer eine Kopie des Handbuchs für Helfer und Basiskursleiter. Schauen Sie zusammen das Inhaltsverzeichnis an und erklären Sie den Teilnehmern den Aufbau des Buches. Erklären Sie auch, wofür das Buch gedacht ist:
Es enthält alles, was sie brauchen, um Austauschgruppen oder Basiskurse zu organisieren und zu leiten: Lernziele, vorgeschlagene Zeitpläne für jede Lektion, Tipps zum Zeitsparen sowie Übungen und Anspiele.

C. AUFBAU DES PROGRAMMS UND KURSLEITER WERDEN (30 MINUTEN)

Nehmen Sie den Abschnitt *Aufbau des Programms* auf Seite 9–10 und die Darstellung *Kursleiter werden* auf Seite 13 durch.

D. PARTIZIPATIVES LERNEN (60 MINUTEN)

1. Partizipatives Lernen. Behandeln Sie dieses Thema (Seite 20–23) und verweisen Sie die Teilnehmer auf die Darstellung von Seite 22.

! Achtung: Wir empfehlen, die Abschnitte A bis D.1 dieses Kapitels am Anfang des Kurses durchzunehmen.

2. Visuelle Hilfsmittel sinnvoll einsetzen. Falls genügend Zeit zur Verfügung steht, gehen Sie im Lauf des Kurses die Informationen ab Seite 24 durch.

3. Die Gruppendynamik steuern

Bitten Sie im Voraus fünf oder sechs Teilnehmer, die Rolle von schwierigen Teilnehmern einer Gruppe zu spielen (siehe Seite 25). Bitten Sie jemand anders, den Kursleiter zu spielen, der einen Abschnitt des Buches unterrichtet – beispielsweise *Körperliche Verletzung/Seelische Verletzung*. Der Kursleiter sollte freundlich und gewandt im Umgang mit Menschen sein. Die Spieler sitzen in der Mitte des Raumes, die übrigen Teilnehmer stehen um sie herum. Derjenige, der den Kursleiter spielt, versucht, die Gruppe anzuleiten, die anderen spielen ihre Rolle. Beenden Sie das Rollenspiel nach 5–10 Minuten.

Nun tauscht sich die Gruppe über die folgenden Fragen zu jedem Spieler aus:

- Inwiefern war dieser Teilnehmer schwierig?
- Wie würden Sie in einer Austauschgruppe mit einem solchen Problem umgehen?

! In der rechten Spalte der Tabelle auf Seite 25 finden Sie Vorschläge, wie man mit diesen Problemen umgehen kann.

E. MODERATIONSÜBUNG
(VORBEREITUNG: 20 MINUTEN; ÜBUNG: 20 MINUTEN PRO TEILNEHMER, DAVON 10 MINUTEN MODERATION UND 10 MINUTEN RÜCKMELDUNGEN)

Die Moderationsübung bietet Gelegenheit, im sicheren Umfeld Erfahrungen im Leiten einer Austauschgruppe zu sammeln – und man bekommt Rückmeldung von den anderen.

Als Vorbereitung für die Moderationsübung teilen Sie die Gruppe in Kleingruppen auf und wählen Sie Abschnitte aus den bereits durchgenommenen Lektionen aus (außer Lektion 8), die man in zehn Minuten vorstellen kann. Jeder Teilnehmer in einer Kleingruppe sollte einen anderen Abschnitt wählen. Wählen Sie nicht die Geschichten am Anfang der Lektionen aus, sondern gehen Sie davon aus, dass die Gruppe die Geschichte kennt.

Weisen Sie die Teilnehmer auf die Zeiteinteilung und auf die Beurteilung ihrer Moderation hin:

Während der zehn Minuten sollten die Teilnehmer

- in das Thema einführen und eine **Frage stellen** (ca. 2 min)

- der Gruppe Gelegenheit zum Austausch und zur Interaktion geben (ca. 3 min)
- die **Rückmeldungen** in der ganzen Gruppe **anhören** (ca. 3 min)
- alles, was noch nicht erwähnt wurde, **ergänzen** (ca. 2 min)

Die Moderation wird nach einer Skala von 1 bis 10 beurteilt, 10 gilt als *sehr gut*.

Sehr gut (9–10 Punkte): Der Teilnehmer kommuniziert den Inhalt des Buches sehr klar und akkurat. Er hat die Beteiligung der Gruppe sehr gut organisiert und geht sehr gut auf Fragen ein. Er hält die Gruppe gut zusammen. Eine äußerst angenehme Lernerfahrung.

Gut (7–8 Punkte): Der Teilnehmer kommuniziert den Inhalt des Buches klar und akkurat. Er hat die Beteiligung der Gruppe gut organisiert und geht gut auf Fragen ein. Ein paar kleine Vorbehalte bezüglich der Gruppenleitung.

Befriedigend (5–6 Punkte): Der Teilnehmer kommuniziert den Inhalt des Buches akkurat. Die Gruppe beteiligt sich mäßig an der Diskussion. Die Präsentation und die Gruppenbeteiligung sind nicht immer gut geplant bzw. nicht immer klar. Er hat manchmal Probleme, Fragen zu beantworten und die Gruppe zu leiten.

Schwach (3–4 Punkte): Entweder predigt der Teilnehmer oder er hält eine Vorlesung. Die Gruppe beteiligt sich kaum oder gar nicht. Die Präsentation des Inhalts ist verwirrend oder ungenau oder auf Punkte fokussiert, die nicht im Buch stehen. Er beantwortet Fragen unbefriedigend und kann die Gruppe nicht leiten.

Sehr schwach (1–2 Punkte): Der Teilnehmer ist weder fähig in einer Gruppe zu kommunizieren noch eine Gruppe zu leiten.

Die folgenden Abschnitte aus dem Buch eignen sich gut für diese Moderationsübung:

- Lektion 1.2
- Lektion 2.2
- Lektion 3.3
- Lektion 4.2
- Lektion 5.4
- Lektion 6A.2 und 4
- Lektion 6B.3 und 5
- Lektion 6C.3 und 5
- Lektion 7.4.

Geben Sie den Teilnehmern Zeit, sich vorzubereiten (z. B. an einem Tag einen Abschnitt auswählen, am nächsten Tag präsentieren). Weisen Sie auf die Zeitangaben der einzelnen Lektionsabschnitte hin und darauf, dass sie gegebenenfalls gekürzt werden müssen. Teilen Sie jeder Gruppe einen Mitarbeiter zu. Wenn es nicht genügend Mitarbeiter gibt, wählen Sie Teilnehmer aus, die sich als Gruppenleiter eignen. Diese Leiter sollen wie folgt vorgehen:

- Die Gruppe daran erinnern, dass dies eine Übung ist, um ihre Kursleiterfähigkeiten zu verbessern und hilfreiches Feedback zu erhalten
- Ein Teilnehmer nach dem anderen moderiert
- Die Moderation nach zehn Minuten beenden (Handy-Stoppuhren eignen sich gut dafür)
- Den Moderator bitten, folgende zwei Fragen zu beantworten:
  - Was ist Ihrer Meinung nach gut gelaufen?
  - Was würden Sie das nächste Mal anders machen?
- Die Gruppe mit den gleichen Fragen um Feedback bitten
- Die Fähigkeiten des Moderators (für sich) bewerten anhand der Skala auf Seite 87
- Die Beurteilung dem Haupt-Kursleiter abgeben

F. BERICHTE SCHREIBEN (30 MINUTEN)

Geben Sie jedem Teilnehmer ein leeres Berichtsformular (Seite 96–97). Bitten Sie die Teilnehmer in Kleingruppen den folgenden Abschnitt zu lesen und dann das Formular auszufüllen.

Johannes ist bereit, eine Austauschgruppe in seiner Gemeinde, der anglikanischen Kirche St. Paul, zu gründen. Sie befindet sich in der Stadt Amina im Land Bingola. Er spricht mit den Gemeindeleitern und sie beschließen gemeinsam, mit einer Gruppe von Witwen zu beginnen. Die Treffen werden angekündigt und zwanzig Frauen kommen, um alles zu besprechen. Sie legen fest, sich jeden Mittwochnachmittag zu treffen. Am 10. April soll die Gruppe beginnen. Normalerweise dauert das Treffen von 15:00 Uhr bis ca. 16:30 Uhr. Die Treffen gehen über einen Zeitraum von zehn Wochen, aber einmal wird es wegen einer besonderen Veranstaltung in der Kirche abgesagt. Einige der Witwen sprechen die Handelssprache, aber nicht alle. Deshalb wird die Austauschgruppe in Bugabi gehalten. Das verstehen alle. Gegen Ende der zehn Wochen treffen sich noch 15 Frauen. Johannes hat die fünf Kernlektionen sowie die Lektionen 4, 5, 6A und 10 durchgenommen. Die Schulung hat keine nennenswerten Kosten verursacht, außer der gelegentlichen Tasse Tee, die von der Kirche gespendet wurde. Einige der Witwen erfuhren Heilung ihrer seelischen Verletzungen. Die meisten von ihnen sind jedoch so arm, dass sie sich nicht normal ernähren können. Johannes kann nicht auf ihre praktischen Bedürfnisse eingehen.

Besprechen Sie den Bericht anschließend in der großen Gruppe.

Wenn die Teilnehmer eine Schulung abschließen, sollten sie einen Bericht einreichen. Vergewissern Sie sich, dass jeder weiß, an wen der Bericht gesendet werden soll. Normalerweise schicken die Kurs- und Gruppenleiter in Ausbildung ihre Berichte an ihren Kursleiter. Er gibt Feedback und speist die Daten in die Datenbank ein.

G. PLANEN UND ZIELE SETZEN (90 MINUTEN)

Die Teilnehmer teilen sich nach Gemeindezugehörigkeit, Organisation, Region oder Wohnort in Gruppen auf. Diejenigen, die keine potenziellen Partner bei der Schulung haben, können eine Gruppe bilden.

Nun sollen sie planen, wie sie das Gelernte umsetzen wollen. Jede Gruppe beschreibt ihre geplante Austauschgruppe so genau wie möglich:

- Wann (Datum und Uhrzeit)?
- Wo?
- Wer kommt? (Art und Anzahl der Teilnehmer – z. B. „acht Frauen“)
- Wer leitet die Gruppe?
- Was wird außer den Kernlektionen unterrichtet?
- Welche Sprache(n) wird/werden benutzt?
- Muss irgendeine Erlaubnis eingeholt werden?

Die Teilnehmer stellen ihre Pläne in der großen Gruppe vor und bekommen Rückmeldung von der Gruppe und den Mitarbeitern.

H. ABSCHLUSS DES KURSES (30 MINUTEN)

Der Abschluss eines Kurses kann Anlass zum Feiern für die Teilnehmer und Mitarbeiter sein. Damit auch andere mehr über Traumabewältigung erfahren, können Außenstehende dazu eingeladen werden. Die Teilnehmer sollten die Veranstaltung selbst organisieren und ihrer Kultur entsprechend gestalten. Das Spektrum der Förmlichkeit reicht von einem kurzen, lockeren Abschluss bis zu einer längeren Feier mit Reden von Würdenträgern und Worten der Ermutigung und Ermahnung. Auch Zeugnisse über Traumabewältigung oder die Vorstellung eines ansprechenden Abschnittes aus dem Buch können eingeplant werden, besonders, wenn Außenstehende eingeladen sind. Das Überreichen von Teilnahmebescheinigungen gehört immer zum Programm.

Damit niemand beschämt wird, sollten die Bescheinigungen verteilt werden, ohne zu erwähnen, welche Art der Bescheinigung es ist. Vergewissern Sie sich jedoch, dass jeder Empfänger seinen erreichten Status genau verstanden hat. Führen Sie dazu mit den Personen, die nur eine Teilnahmebescheinigung erhalten, ein Gespräch unter vier Augen, am besten vor der Lektion *Planen und Ziele setzen*.

Die Abschlussfeier endet mit einem Segensgebet für den künftigen Einsatz der Teilnehmer. Damit ist der Basiskurs beendet.

ANHANG 1: MATERIALIEN FÜR AUSTAUSCHGRUPPEN UND KURSE

MUSTERZEITPLAN FÜR EINEN DREITÄGIGEN BASISKURS

	MO		DI	MI	DO
	Ankunft	7.30	Frühstück		
		8.30	Singen, Beten und Ansagen		
		8.45	Lektion 3 Was geschieht, wenn wir trauern?	Optionale Lektion	Moderations-übung
		10.15	Kaffeepause		
		10.35	Lektion 3 (Fortsetzung) Klagepsalm schreiben	Website THI*, Schweigepflicht, Gruppendynamik	Fragebogen besprechen, Und wenn Muslime im Kurs sind?
		11.00	Optionale Lektion	Berichte, Formulare, Einführung in Moderationsübung, Übungen von Lektion 2	Was ich noch sagen/fragen wollte, Feedback, Teilnahmebescheinigung, Abschluss
12.30	Mittagessen und Mittagspause				
13.30	Begrüßung, Einführung, Kursleiterhandbuch, Aufbau des Programms, Material, Kursleiter werden, Gruppen organisieren und leiten, Partizipatives Lernen	14.00	Optionale Lektion	Lektion 9 Vergebung	Abreise
15.15	Kaffeepause	15.30	Kaffeepause		
15.35	Lektion 1 Warum gibt es Leid?	15.50	Übungen von Lektion 2	Pufferzone	
16.30	Lektion 2 Heilung für seelische Verletzungen	16.20	Optionale Lektion	Und jetzt, wie will ich das Gelernte umsetzen? Fragebogen beantworten, Moderationsübung vorbereiten	
17.50	Den Sack zubinden				
18.00	Abendessen				
19.30	Lektion 2 (Fortsetzung) Übungen		Lektion 8 Den Schmerz zu Gott bringen		

*THI = Trauma Healing Institute

TEILNAHMEBESCHEINIGUNG

Wir bestätigen hiermit

Frau/Herr

____

die erfolgreiche Teilnahme
an der Austauschgruppe

Traumatisierte Menschen begleiten

____
Veranstaltende Organisation

________________ __________ __________
in vom bis

____
Datum

____
Unterschriften der Kursleiter

['wɪklɪf] ausgesprochen lebendig

DMG Damit Menschen Gott begegnen

Trauma Healing Institute

TEILNAHMEBESCHEINIGUNG

Wir bestätigen hiermit

Frau/Herr

____

die erfolgreiche Teilnahme
am Basiskurs

Traumatisierte Menschen begleiten

Mit der Absolvierung dieses Kurses hat sie/er den Status *Basiskursleiter in Ausbildung* erreicht.

____
Veranstaltende Organisation

____________________ __________ __________
in vom bis

____
Datum

____
Unterschriften der Kursleiter

['wɪklɪf] ausgesprochen lebendig

DMG Damit Menschen Gott begegnen

Trauma Healing Institute

ERLAUBNIS, ERLEBNISBERICHTE, FOTOS UND GGF. AUDIO- ODER VIDEOAUFNAHMEN ZUR FÖRDERUNG DES TRAUMABEWÄLTIGUNGSPROGRAMMS ZU BENUTZEN

Gruppenerlaubnis

Datum: ____________________ Ort: __________________________

Hiermit erlaube ich Wycliff/e, der DMG, AMIN und dem Trauma Healing Institute Erlebnisberichte, Fotos und ggf. Audio- oder Videoaufnahmen zur Förderung des Traumabewältigungsprogramms zu benutzen. Ich bin 18 Jahre alt oder älter.

NAME	UNTERSCHRIFT

Erlaubnis einer Einzelperson

Ich erlaube Wycliff/e, der DMG, AMIN und dem Trauma Healing Institute meinen Erlebnisbericht und ggf. Fotos oder Audio- oder Videoaufnahmen von mir zur Förderung des Traumabewältigungsprogramms zu benutzen.

Name: ____________________________________

☐ Ich bin 18 Jahre oder älter
☐ Bitte meinen Namen nicht benutzen!

Datum: ____________________________________

Unterschrift ____________________________________

Feedback-Bogen

Name (freiwillig): ______________________________

☐ Bitte hier ankreuzen, wenn wir Ihre Rückmeldung anonym verwenden dürfen, um für das Trauma-Seminar zu werben.

1. Welche Einheit war für Sie besonders hilfreich? Warum?

2. Welche Einheit war für Sie am schwierigsten?

3. Gibt es Erwartungen, die Sie an das Seminar hatten, die nicht erfüllt wurden?

4. Durch welche Änderungen könnte das Seminar verbessert werden?

5. Was hat das Seminar bei Ihnen bewirkt? (z.B. etwas Neues gelernt; eigene Heilung erfahren; besser gerüstet anderen zu helfen ...)

6. Haben Sie weitere Anmerkungen/Kommentare?

BERICHT ÜBER AUSTAUSCHGRUPPEN UND KURSE

Location, City, State, Country Stadt, Land	
Host organization Gastgebende Organisation	
Begin date Datum Kursanfang	
End date Datum Kursende	
Times and duration of meeting (1x per wk for 2 hr, all day Sat, etc.) Uhrzeiten und Dauer des Kurses (1x pro Woche 2 Stunden, samstags ganztägig etc.)	
Total number of hours the class met Gesamtzahl der Kursstunden	
Primary language of lesson Primäre Kurssprache	

Main facilitator(s) Haupt-Kursleiter	
Assistant facilitator(s) Unterstützende Kursleiter	
Lessons taught Durchgenommene Lektionen	☐ All / Alle ☐ Corelessons / Kernlektionen ☐1 ☐2 ☐3 ☐4 ☐5 ☐6A ☐6B ☐6C ☐7 ☐8 ☐9 ☐10 ☐Feierlicher Akt
Number who started Teilnehmerzahl am Anfang	

Number who completed Teilnehmerzahl am Schluss	
Number who completed who are ... Anzahl und Geschlecht der Teilnehmer, die den Kurs abgeschlossen haben	___ male/männlich ___ female/weiblich
Number of participants who completed who are Anzahl und Glaubensrichtung der Teilnehmer, die den Kurs abgeschlossen haben	___ Christians / Christen ___ Orthodox / Orthodoxe ___ Muslims / Muslime ___ Other / Sonstige: ___________________

What successes did you experience? Welchen Erfolg haben Sie erlebt?

What challenges did you face? Welchen Herausforderungen sind Sie begegnet?

Please provide at least two testimonies, with photos and authorization if possible.
Bitte reichen Sie mindestens zwei Erlebnisberichte ein, wenn möglich mit Fotos und der Genehmigung zur Veröffentlichung.

This report is available in .doc format at **traumahealinginstitute.org**. Send to your program administrator or to **traumahealing@americanbible.org**.
Die englische Version dieses Berichts ist verfügbar unter **traumahealinginstitute.org**. Senden Sie ihn bitte an Ihren Kursleiter oder an **traumahealing@americanbible.org**

ANHANG 2: UND WENN MUSLIME IM KURS SIND?

Dieses Buch will Brücken bauen. Potenzielle Stolpersteine sollen nicht vom eigentlichen Thema ablenken.

Wenn Muslime an Ihrem Kurs teilnehmen möchten, lernen Sie sie kennen: ihre Kultur, ihren Glauben und ihre Vorlieben.

Es gibt eine große Vielfalt an Glaubensrichtungen im Islam. Nicht nur in den verschiedenen Ländern, selbst innerhalb einer Gemeinschaft kann es Unterschiede geben.

Folgende Glaubensgrundlagen gelten für viele Muslime:

- Jesus ist ein Prophet. Er hat auch die Macht, zu heilen und Dämonen auszutreiben.
- Jesus ist nicht der leibliche Sohn Gottes; dies zu behaupten wäre Gotteslästerung, denn Gott kann keine leiblichen Kinder haben (Sure 6, 101; 7,23). Jesus ist nicht am Kreuz gestorben, sondern ein Stellvertreter (Sure 4,157–158). Der Islam lehnt die Trinität ab; es gibt nur einen Gott (Sure 4,48 + 171; Sure 112,1–4).
- Der Islam akzeptiert die Bibel als heiliges Buch der Jesusnachfolger. Der Koran ist die letzte Offenbarung Gottes. Das öffentliche Bekenntnis zu Christus kann für ehemalige Muslime bedeuten, dass sie abgelehnt und vielleicht sogar verfolgt oder getötet werden. Trotzdem kann ein „Nachfolger von Isa“ (an Jesus gläubiger Mensch) für eine Weile in der muslimischen Kultur bleiben, vielleicht sogar für immer. So kann er innerhalb seiner Familie und Gemeinschaft Zeugnis sein.

! Das Ziel dieses Programms ist, Traumata und Verluste zu bewältigen, jedoch nicht zu evangelisieren oder über die Unterschiede zwischen Islam und Christentum zu debattieren.

Informationen und Tipps zum Brückenbauen:

- Im Lauf des Kurses, wenn die Teilnehmer ihren Schmerz in Worte fassen und sich mit dem Wort Gottes beschäftigen, können Muslime

Jesus persönlich begegnen. Aber das steht nicht im Mittelpunkt des Programms.

- Der Koran bietet wenig Hilfe bezüglich der Bewältigung von Traumata und Verlusten.
- Gott führt viele Muslime durch Träume und Visionen zu Jesus. Wir wissen nicht, was der Heilige Geist in ihrem Leben bewirkt.
- Einige Verse im Koran klingen an Bibelverse an. Sie werden in manchen Zusammenhängen mündlich verwendet.
- Muslime sind offener für Geschichten aus dem Alten Testament als aus dem Neuen; besonders ansprechend sind für sie die Geschichten von Mose, Josef und Hiob, weil sie auch im Koran erzählt werden.
- Respektieren Sie die kulturellen Vorlieben. Gehen Sie z. B. mit der Heiligen Schrift so respektvoll um, wie man das mit einem heiligen Buch im Islam macht. Verwenden Sie keine Bibel mit Unterstreichungen oder Notizen. Legen Sie die Bibel nicht an einen schmutzigen Ort oder auf den Boden. Bieten Sie getrennte Gruppen für Männer und Frauen an. Verursachen Sie keinen unnötigen Anstoß und keine Verwirrung.
- Seien Sie einfühlsam und offen für Änderungen. Jede Gruppe ist anders, was die Offenheit dem Wort Gottes gegenüber betrifft. Vielleicht sollten Sie die Anzahl der Verse begrenzen oder den Inhalt mancher Verse einfach wiedergeben, ohne zu erwähnen, dass sie im Wort Gottes stehen.
- Benutzen Sie Vokabular, das die Teilnehmer verstehen – bezüglich Gott, Gebet und Propheten.
    - Zum Beispiel für arabisch sprechende Menschen: Saidna Isa (Jesus), Nabi Daud (König David), Nabi Yusuf (Josef), Nabi Yunus (Prophet Jona), Nabi Sha'ib (Prophet Jesaja), Nabi Ayub (Hiob).
    - Manchmal ist es empfehlenswert, den Begriff „do'a" (mit Gott reden) für „Gebet" zu nehmen statt „salat" (Gebetsritual)
    - Machen Sie sich vertraut mit den Begriffen, die die Teilnehmer am liebsten für Gott benutzen.
- Suchen Sie einen geschützten Raum, wo die Teilnehmer frei reden können.

- Was die Kurszeiten betrifft, haben Sie Verständnis für die zeitliche Einschränkung der Teilnehmer. Lassen Sie sie die Zeit selbst bestimmen.
- Kleiden Sie sich angemessen, damit sich Ihre Teilnehmer so wohl wie möglich fühlen und Anstoß vermieden wird.
- Achten Sie besonders darauf, dass niemand in der Öffentlichkeit sein Gesicht verliert. Drängen Sie z. B. niemals jemanden, sich mitzuteilen.
- Wenn die Teilnehmer anfangen, religiöse Meinungsverschiedenheiten auszutragen, bieten Sie ihnen an, zu einem anderen Zeitpunkt, außerhalb der Austauschgruppe, über dieses Thema zu reden, und machen Sie mit der Lektion weiter.
- Wenn die Gruppe offen dafür ist, nehmen Sie Gelegenheiten wahr, über Heilung durch Jesus in Ihrem eigenen Leben zu berichten (Kap. 8 und 9). „Als Jesusnachfolger glaube ich ... Von dem, was ich erlebt habe, weiß ich ... "
- Lassen Sie die Teilnehmer das Kursmaterial mit nach Hause nehmen, wenn sie wollen. In manchen Fällen kann das aber Probleme verursachen.
- Suchen Sie Gebetspartner, die jedes Treffen der Gruppe im Gebet begleiten.

Vor Beginn der Austauschgruppe den Zweck des Programms erklären:

- Es soll Menschen helfen, Traumata und Verluste zu bewältigen.
- Es wurde von Jesusnachfolgern entwickelt. Wir werden die Heilige Schrift bei unseren Treffen genauso benutzen wie psychologische Prinzipien.
- Wir kommen nicht zusammen, um über religiöse Meinungsverschiedenheiten zu diskutieren oder um jemandes Glauben zu ändern, sondern wir sind hier, um Heilung für unsere seelischen Verletzungen zu finden.

Grundregeln:

- nicht über religiöse Differenzen diskutieren
- einander respektieren
- ehrlich und offen sein
- Vertraulichkeit wahren, um Vertrauen zu gewährleisten

Literaturempfehlung zum Thema Kultur

Jayson Georges: *Mit anderen Augen – Perspektiven des Evangeliums für Scham-, Schuld- und Angstkulturen*, Neufeld Verlag 2018.

ANHANG 3: BERATUNGSANGEBOTE - ANONYM UND UNVERBINDLICH

DEUTSCHLAND

Sexuelle Gewalt

- hilfeportal-missbrauch.de: Beratungsangebot 0800 2255530 oder 08000 116 016 (kostenfrei, 24h, in vielen Sprachen) und Infos über regionale Beratungsstellen
- kein-taeter-werden.de: kostenloses, durch die Schweigepflicht geschütztes Behandlungsangebot für Tatgefährdete

Häusliche Gewalt

- hilfetelefon.de: Auskunft über lokale Hilfsdienste und Beratungsangebote ev. 0800 111 0 111; rk. 0800 111 0 222; für Kinder/Jugendliche 0800 111 0 333 (kostenfrei, 24h)
- hilfeportal-missbrauch.de: Beratungsangebot 0800 22 55 530 (kostenfrei, 24h, in vielen Sprachen) und Infos über regionale Beratungsstellen
- Hilfe für die Täter: awo-duesseldorf.de/notlagen/hilfe-bei-gewalt/fuer-die-taeter. Beratungsangebot 0211 60025 500 und via E-Mail

Selbsttötung

- telefonseelsorge.de: E-Mail, Chat, Telefon-Hotline, Auskunft über lokale Hilfsdienste ev. 0800 111 0 111; rk. 0800 111 0 222; für Kinder/Jugendliche 0800 111 0 333 (kostenfrei, 24h)

Suchtprobleme

- suchthotline.info: 089 28 28 22 und E-Mail-Beratung (kostenfrei, 24h)
- drk.de/hilfe-in-deutschland/gesundheit-und-praevention/suchtberatung/: Infos und Beratung 08000 365 000 (kostenfrei, 24h)

ÖSTERREICH

Sexuelle Gewalt

- frauenberatung.at/index.php/links/beratung-wien; ☎01 523 22 22 zu Bürozeiten

Häusliche Gewalt

- telefonseelsorge.at: E-Mail- und Chat-Beratung ; ☎142 (kostenfrei, 24h)
- frauenhelpline.at ☎222 555 (kostenfrei, 24, in vielen Sprachen)

Selbsttötung

- gesundheit.gv.at/leben/suizidpraevention/betroffene/krisentelefon-nummern

Suchtprobleme

- suchthilfekompass.goeg.at/presentation
- kolping.at/beratung-in-lebenskrisen/sucht-und-drogenberatung (nur bis 22 Jahre)

SCHWEIZ

Sexuelle Gewalt

- Akute Gefahr: Polizei-Notruf ☎117. Sonst frauennottelefon.ch ☎052 213 61 61 zu Bürozeiten; außerhalb der Bürozeiten: ☎143 (kostenfrei, 24h)

Häusliche Gewalt

- bif-frauenberatung.ch online und ☎044 278 99 99 (24h, in 17 Sprachen)

Selbsttötung

- 147.ch/de: Beratung und Hilfe ☎147 (bis 22 Jahre, 24h), SMS, Chat, E-Mail und Webservice

Suchtprobleme

- suchtschweiz.ch/rat-und-hilfe: Beratung via Internet, E-Mail und Telefon „die Dargebotene Hand" ☎143 (kostenfrei, 24h)

FSC
www.fsc.org
MIX
Papier aus verantwortungsvollen Quellen
Paper from responsible sources
FSC® C105338